태초에 **의미**가 있었다

VIKTOR E. FRANKL/FRANZ KREUZER
IM ANFANG WAR DER SINN
Von der Psychoanalyse zur Logotherapie
Ein Gespräch

© Franz Deuticke Verlagsgesellschaft m.b.H. Wien 1982

Translated by KIM, Yeung-Tschul
© 1998 Benedict Press, Waegwan, Korea

태초에 의미가 있었다
1998년 10월 초판
2006년 2월 신정판(재쇄)
2022년 5월 4쇄
옮긴이 · 김영철 ㅣ 펴낸이 · 박현동
펴낸곳 · 성 베네딕도회 왜관수도원 ⓒ 분도출판사
찍은곳 · 분도인쇄소
등록 · 1962년 5월 7일 라15호
04606 서울 중구 장충단로 188(분도출판사 편집부)
39889 경북 칠곡군 왜관읍 관문로 61(분도인쇄소)
분도출판사 · 전화 02-2266-3605 · 팩스 02-2271-3605
분도인쇄소 · 전화 054-970-2400 · 팩스 054-971-0179
www.bundobook.co.kr
ISBN 978-89-419-0605-6 03180

빅터 프랭클 / 프란츠 크로이처

태초에 의미가 있었다

정신분석에서 로고테라피에로

김영철 옮김

분도출판사

□ **이 책에 대하여**

"아마 네 살 때였을 것이다. 어느 저녁, 아슴푸레 잠이 들었다가 어떤 생각이 갑자기 내 머리를 흔들어 나는 소스라치게 잠에서 깨었다. 그것은 내게도 언젠가는 죽음이 닥칠 거라는 직감이었다. 그러나 평생을 두고 내 머리를 떠나지 않았던 고뇌는 죽음 자체에 대한 두려움이 아니라, 삶의 무상함이 자칫 삶의 의미마저도 말살시켜 버리지는 않을까 하는 의문이었다. 이 물음에 천착한 끝에 나는 마침내 이런 해답을 얻어 낼 수 있었다: 여러 관점에서 볼 때 삶을 비로소 의미 있게 만드는 것은 다름아닌 죽음이다."

이 자전적 고백에서 읽을 수 있듯이, 로고테라피의 창시자 빅터 프랭클은 인간이 의미를 발견할 수 있도록 도와주는 것을 삶의 목표로 설정하고 살았던 신경 과학자이자 정신과 의사였다. 나치의 압제 밑에서 강제수용소 생활을 체험했음에도 불구하고, 그는 삶에 의미가 진실로 존재한다는 확신을 잃은 적이 없었다.

이 책은 그의 삶과 체험과 작업, 그리고 로고테라피에 대해서 말하고 있는데, 프란츠 크로이처와 나눈 두 번의 대담과, 프랭클 자신의 강연, 로고테라피에 관한 소논문으로 구성되어 있다. 두 편의 대담은 각각 오스트리아의 ORF와 독일 ZDF 방송을 통해 방영되었다.*

---

* 책말미의 희곡 「비르켄발트를 위한 레퀴엠」은 Viktor E. Frankl, ... *trotzdem Ja zum Leben sagen: Ein Psychologe erlebt das Konzentrationslager*, München: DTV 1982, 151-98에서 옮긴 것이다. 원제는 *Synchronisation in Birkenwald: Eine metaphysische Conférence* — 옮긴이.

태 초 에 의 미 가   있 었 다

프랭클과의 대화 (1)
9

프랭클과의 대화 (2)
83

정신의 저항하는 능력에 대하여
107

로고테라피란 무엇인가
127

부록 | 비르켄발트를 위한 레퀴엠
175

옮기고 나서
238

프랭클과의 대화 (1)*

크로이처: 선생님의 이론에 친숙한 사람이라면 '프랭클'이라는 이름을 들을 때 쉽사리 '의미'라는 개념을 떠올리게 될 텐데요, 이 프랭클이라는 이름과 의미라는 개념 사이의 연상 구조는 어쩌면 '크나이프'**와 '냉수' 사이의 상관관계보다 더욱 두드러져 보인다고 해도 과언이 아닐 것입니다. 선생님의 학설을 특징짓는 이 개념이 그토록 설득력 있게 전 세계로 확산될 수 있었던 요인이 어디 있다고 보시는지요? 그리고 선생님 자신은 어떻게 이 '의미'의 중요성을 깨닫게 되셨습니까? 선생님의 독자적인 이론이 성립된 경위에 대한 설명으로부터 이야기를 풀어 나가 보기로 하지요.

프랭클: 내 이론은 일단 나 자신을 위한 것이었다고 말씀드릴 수 있겠습니다. 정신치료의 체계에는 결국 창시자

---

* 1980.1.11 방영.

** Sebastian Kneipp(1821~1879): 독일의 목사로서 냉수 요법의 창시자 — 옮긴이.

자신의 병력病歷이 어떤 식으로든 반영되어 있다고들 하지 않습니까? 지그문트 프로이트가 자질구레한 공포증들에 시달렸고, 알프레드 아들러 역시 병약했던 자신의 어린 시절로 인해 힘들어했다는 건 알려진 사실입니다. 프로이트의 외디푸스 콤플렉스 이론이나 열등감에 관한 아들러의 학설은 대개 이런 자전적 배경 속에서 나온 것이지요. 나 역시 예외가 아닙니다. 젊은 시절, 내 정신이 점차 성숙해 갈 무렵에 나는 모종의 느낌과 치열하게 싸워야 했는데, 그 느낌이란 '어차피 마지막에는 만사가 다 헛되고 부질없는 것이 아닌가' 하는 것이었습니다. 내가 훗날 나 자신을 극복할 수 있었던 것은 결국 이런 느낌과의 처절한 투쟁을 통해서였지요. 자신의 허무주의에 대한 해독제를 스스로 개발해 낸 셈입니다.

크: 그때가 언제쯤이었습니까?

프: 아마 사춘기 무렵이었을 거예요 …

크: 그렇다면 그때부터 선생님의 이론이 늘 마음속에 내재하고 있었던 것이로군요.

프: 생각의 단초야 그때 이미 배태되어 있었다고 볼 수 있겠지요. 다만 개념적으로 좀 더 섬세해지고 정련되었을 뿐이지 … 그 무렵 단편적으로 깔려 있던 견해들이 전수 가능한 치료법으로까지 발전되기 위해서는 수십 년에 걸친 체계화 과정이 필요했습니다. 무엇보다도 내 스스로가 자신의 내적 허무주의를 이겨 내지 않으면 안 되었지요.

이 점은 어떠한 것으로부터든지 고통받고 있는 사람이라면 누구에게나 다 마찬가지라고 생각합니다. 이것을 굳이 병이라고 할 필요는 없겠지요. 허무주의나 의미 상실감 같은 것은 본질적으로 사람이 해 놓은 일의 결과이지 병도 신경증Neurose도 아니지만, 어쨌거나 극복되어야 할 그 무엇임에는 틀림없습니다. 그래서 나를 괴롭힌 허무주의를 깨고 나오는 데 도움되었던 그 생각들을 나 혼자만 독점하고 싶지는 않았습니다. 다른 누구에겐가 이런 생각들을 전하고 싶고, 또 그들을 돕고 싶은 마음이 생기는 것은 당연한 일 아니겠습니까? 내 학설체계는 이렇게 수십 년의 시간을 두고 서서히 발전된 것입니다. 이런 물음들이 늘 제기되곤 했습니다. 현대인들은 무엇에 고통받고 있을까? 오늘을 사는 우리 보통 사람들이 하루하루 가장 힘겹게 느끼는 고뇌는 무엇일까? 우리는 아직 외디푸스 콤플렉스가 빚어내는 각종 상황들에 시달리고 있는가? 지금에 와서까지도 현대인들은 열등감의 후유증으로 괴로워하고 있는가? 나는 아니라는 결론에 도달했습니다. 평범한 생활인들을 갈수록 짓이기는 고뇌의 원천은 바로 의미 상실감이었습니다. 이제 '우리를 도울 수 있는 것은 무엇일까'라고 묻지 않을 수 없지요. 로고테라피처럼 의미를 지향하고 의미를 구심점으로 하는 정신치료가 경우에 따라서는 적지 않은 도움을 줄 수 있을 것입니다 — 이 맥락에서 로고스는 의미라는 뜻도 담고 있지요. 미국인들이 잘 하는 말로 이것은 바로 '시대가 절박히 요구하는 사안'이기도 한 것입니다.

프로이트와의 만남

크: 현대인 문제는 잠시 접어 두고 선생님의 젊은 시절 이야기로 다시 돌아가 보겠습니다. 선생님의 개인적 체험이 학문적으로 발전되는 과정을 좀 더 자세히 듣고 싶은데요, 당시 선생님께서는 젊은 의학도였지요. 프로이트와, 혹은 아들러와의 관계는 어떠했습니까? 선생님께서도 한때는 프로이트주의자나 아들러주의자였던 적이 있었는지, 아니면 이 모든 단계들을 내적으로 뛰어넘어 애초부터 늘 프랭클 자신이었는지 …

프: 에른스트 헥켈의 발생학적 근본명제를 아시지요, 오늘날은 받아들여지지 않는 것이기는 하지만. 어쨌거나, 개체발생사는 계통발생사의 축소반복판이라는 얘기지요. 이 원리가 내게도 적용된다고 보면 되겠습니다.

크: 정신분석학의 발생 과정이 곧 선생님 이론의 생성 과정 속에 반영되어 있다는 …

프: 바로 그것입니다. 처음에는 프로이트류의 정신분석에 잔뜩 심취되어서 학창 시절 몇 년간 그와 꾸준히 편지를 주고받기도 했습니다. 프로이트는 내 편지에 이틀을 넘기지 않을 정도로 성실히 답장해 주었지요. 한번은 내가 큰맘 먹고 짧은 논문 한 편을 동봉해 보낸 적이 있었는

데, 프로이트가 이런 회신을 보내와서 아주 깜짝 놀랐습니다: "내가 자네의 논문을 『국제 정신분석학회지』*Internationale Zeitschrift für Psychoanalyse*의 편집자에게 이미 제출해 버렸다고 해서 자네가 크게 반대할 이유는 없을 것이라고 생각하네." 그 논문은 2년 뒤인 1924년에야 『국제 정신분석학회지』에 게재되었는데 그때는 내가 이미 개인심리학자로 알려진 알프레드 아들러 쪽으로 기울기 시작할 무렵이었습니다.

크: 프로이트 문하에서 수학하신 적은 없었습니까?

프: 없었습니다. 프로이트는 내게, 정신분석학회의 회원이 되는 데 필요한 조언을 당시의 학회 간사로부터 구해 보라고 권한 적이 있었지요. 그런데 그 사람은 학회 일이 학업에 방해도 되고 할 테니, 일단은 학업을 마치는 것이 좋겠다고 하더군요. 의대를 졸업한 후 교육분석을 받고, 그러고 난 다음 정신분석학회에 가입해도 늦지 않을 것이라는 얘기였습니다. 그런 일이 있은 후 프로이트와 우연한 기회에 만난 적이 있었는데, 그때(1926)는 내가 막 시밀리안 실버만, 프리츠 뷔텔스 등과 함께 임상심리학 서클을 만들 무렵이었습니다. 뷔텔스는 최초로 프로이트의 전기를 쓴 사람이기도 하죠. 그러니까 프로이트와의 친교는 처음엔 서신 왕래를 통해서 이루어진 것이었고, 직접 만나서 인사할 기회를 가진 건 그 이후였지요. 기억나는 일이 하나 있군요. 그때 내가 "빅터 프랭클입니다"

라고 인사했더니, 프로이트는 "제2구, 체르닝 가 6번지 25호, 맞지?" 하는 것이었습니다. "그렇습니다." 호수까지 정확하게 맞추더군요. 나와 편지를 주고받는 동안 외워 두었던 모양입니다.

아들러와의 결별

아무튼, 나는 이 두 학파를 두루 거치면서 자란 셈입니다. 그러던 중 1927년에 아들러는 '정통적'이 아니라는 이유로 나를 자신의 학파에서 제외시켰습니다. 그가 고집을 부린 거지요. 나처럼 비판적인 사고를 가진 사람이 개인심리학자의 반열에 끼여 있어야 할 것이라는 건 내 생각이었을 뿐, 아들러 자신은 내가 남아 있는 것을 원치 않았습니다. 나는 쫓겨날 때까지 일부러 기다려 보았지요. 내 발로 나온 게 아니었습니다.

크: 불화의 씨앗이 어디에 있었다고 보십니까?

프: 나는 루돌프 알러스와 오스발트 슈바르츠와 더불어 ― 이들은 지속적으로 내게 영향을 끼친 사람들인데 ― 그 당시 정신분석학뿐 아니라 개인심리학에도 깊이 뿌리박혀 있던 심리주의에 대해 매우 비판적인 태도를 견지하고 있었습니다. 심리주의에서는, 신경증 증세를 보이는 것이라면 으레 다 잘못된 것으로 간주해 버리지요. 바꾸어 말하면, 잘못된 것은 무조건 신경증이다, 혹은 병적이다라고 낙인찍어 버리는 것입니다. 이런 식으로 신경증과 '뭔

가 잘못된 것'을 관련짓는 것은 오늘날까지도 해결되지 않는 문제점으로 남아 있는 것 같습니다. 도처에서 집단신경증 얘기를 많이 하는데, 생각해 보세요, 현존재의 의미 상실감으로부터 비롯되는 절망이 과연 집단신경증일까요? 결국 이건 병적인 것과는 아무 상관이 없다, 정신이 곤고한 사람들의 솔직한 외침일 뿐, 결코 병적인 증세는 아니다라는 대답이 나옵니다. 이것은 대단히 중요한 문제입니다. 꼭 명심할 일이에요.

크: '정신분석이라는 병을 치료하기 위해 또다시 정신분석을 들먹이고 있다'는 우스갯말이 당시 선생님의 비판과 일맥상통하지 않을까 싶습니다만 …

프: 반드시 그렇다고 볼 수는 없겠지만, 어쨌든 만약 프로이트가 오늘날 표방되는 정신분석이라는 걸 직접 볼 기회를 얻는다면, 프로이트 자신은 전혀 다른 말을 할 수도 있을 것 같다는 생각이 강하게 드는군요. 원래 후세의 아류들이 원조들보다 훨씬 더 정통성을 내세우고 독단적인 주장을 하는 경우가 많은 법입니다. 나 역시 이런 사실로부터 배운 바가 있지요. 언젠가 로고테라피 연구소 창립과 캘리포니아의 버클리에 있는 '프랭클 기념 문고 및 도서관'(일종의 저작물 보존 센터 같은 것) 개관연설에서 이런 말을 한 적이 있습니다: "여러분, 로고테라피는 아직 존재하지 않습니다. 나는 그저 로고테라피의 기초를 정립하고자 시도했을 뿐입니다. 그 주춧돌 위에 로고테라피라는 건물을

세워야 할 사람은 바로 여러분들입니다." 최근에 『로고테라피의 실제』Logotherapy in Action라는 책이 나왔습니다. 이 책에 기고한 서른 명의 학자들은 대부분 미국 출신인데, 매우 다양한 분야에서 로고테라피의 적용 문제를 심도 있게 다루었더군요. 그 책 서문에서 나는 분명히 밝힌 바 있습니다. 그들은 어떻게 보면 나 자신조차 전혀 동의할 수 없을 정도로 엉뚱한 얘기들을 써 놓기도 했지만 그들에겐 충분히 그럴 권리와 자유가 있다고 말입니다. 왜냐하면 로고테라피에 정설이란 것은 없거든요.

어둠에서 어둠에로

크: 선생님께서는 개체발생론과 계통발생론을 예로 들어 자신의 이론 성립 과정을 설명하셨습니다. 종의 진화 양상이 개체의 발전 과정 속에서 반복되고 있다는 헥켈의 가설을 선생님 개인의 경우에 적용시키신 거죠. 개체의 발전 과정 속에는 진화의 모든 양상들이 다 기록되어 있는 것이 아니라 단지 그 성공적인 측면만 기록되어 있다고 봐야 할 것입니다. 실패한 측면들은 소멸되고 더 이상 남아 있지 않기 때문이지요. 그렇다면 바로 선생님의 이론이야말로 정신분석학과 개인심리학이 이룩한 성공의 증빙문서가 아닐까 싶습니다. 선생님의 이론 가운데 이런 학문들이 반세기 혹은 칠십오 년여 동안 이룬 업적들의 흔적을 찾는다면 어떤 것을 들 수 있을까요? 프로이트와

아들러의 학설 가운데 아직까지 지지되고 있으면서 선생님의 이론을 가지고도 확증할 만한 부분들이 있습니까?

프: 프로이트의 정신분석학이 과거에도 미래에도 모든 정신치료의 토대가 되리라는 것은 아무리 강조해도 지나치지 않을 것입니다. 하지만 여기에 덧붙여 말하고 싶은 것은, 일단 그 토대 위에 건축물이 들어서게 되면 높이 세워질수록 시야는 점점 더 가려진다는 사실입니다. 건물은 토대 위에 세워지게 마련이고, 토대를 덮어 버리지요. 정신분석학과 개인심리학은 지금까지 살아 있고 앞으로도 어떻게든 살아남게 될 것입니다. 그러나 이 두 학문적 토대 위에 새로운 건축물이 높이 세워져야겠죠. 극복되어야 할 분야라고 생각합니다.

크: 이 분야에서 가장 본질적인 것이 무엇인지 확언할 수 있을까요? 무의식의 세계로 시선을 던져 보는 것이라 할 수 있을는지요?

프: 그렇죠. 무의식적인 것을 의식 표면으로 끄집어 올리는 것, 나는 이 점을 가장 본질적인 것으로 봅니다. 이것이 종국에는 다시 무의식의 세계로 가라앉을 것이라는 사실조차 의식 속에 잡아 두어야 합니다. 인간은 살면서 항상 무엇인가를 의식하고 있을 수밖에 없겠지만, 정신치료를 위해서는 의식 표면 위에 떠올라 있던 것을 무의식 속으로, 혹은 삶을 영위하는 과정에서 그저 자명한 것으로 치부해 버려도 좋을 만한 영역으로 가라앉혀야겠지요.

이것이 자연스럽게 이루어지지 않는 경우를 로고테라피에서는 과잉반추Hyperreflexion라고 합니다. 말하자면 이런 거지요. 끊임없이 자신을 관찰하고 자신의 내면을 감시하는 겁니다. "자, 내가 지금 하고 있는 말과 행위의 진짜 동기는 과연 무엇일까 — 내가 지금 그렇다고 믿고 있는 것은 분명히 아닐 거야. 틀림없이 뭔가 다른 게 있음이 분명해. 확실히 뭔가 바람직스럽지 못한 것, 뭔가 솔직하지 못한 것이 …" 대충 이런 식이죠.

크: 정신분석학은 이 점에서 진화론, 비교행동학, 뇌생리학 등과 같은 20세기의 더 넓은 인식 영역에 앞서 있는 듯한 느낌이 드는군요. 오늘날 우리는, 무의식의 세계가 인간의 뇌와 우리 자신의 운명에 점하는 몫이 얼마만큼 큰 것인지 당시 프로이트 자신이 이해할 수 있었던 것보다 훨씬 더 잘 알고 있지요. 이 점은 정신분석학 스스로가 거두어들인 수확이라고 봅니다. 그러나 선생님께서도 말씀하셨듯이, 이런 업적도 초기 단계에서는 제대로 통제될 수 없었습니다. 사람들은 무의식의 발견에 대해서 지나치게 열광했고 또 새로이 발견된 이 심연에 너무 깊이 빠져 들어갔던 겁니다.

신경증은 종교 상실 현상인가?

프: 그리고 내용적으로는 특정 범주에 국한되고 말았죠. 신경증이 있는 사람들이 특히 의식해야 할 것의 영역

을 넓힌 사람은 알프레드 아들러뿐이 아니었습니다. 칼 구스타프 융 또한 여기에 대단한 기여를 했지요. 프로이트는 주로 어린 시절에 겪은 마음의 상처, 특히 외디푸스적 상황이 빚어낸 아픈 체험에 주목했지만, 프로이트를 넘어서 아들러는 열등의식과 더불어 가치문제를 끌어들임으로써 시야를 넓혔고 … 그리고 정신치료사상 세 번째 거장인 융은 여기서 좀 더 나아가, 성적인 측면뿐 아니라 종교적인 측면에까지 육박하여 인간 전체를 지배하는 어떤 것을 무의식 속에서 발견하여 백일하에 드러냈던 것입니다. 소위 원형Archetypus이라고 하는 것이지요. 신경증이란, 의미를 발견하지 못한 영혼이 받는 고통이다 — 일찍이 이런 대담하고 비정통적인 명제를 제시한 금세기 최초의 인물이 바로 융이라는 사실을 잊어서는 안 되겠습니다. 융의 이런 견해는 심리주의적 관점에서 보면 상궤를 이탈한 것이 틀림없지만, 프로이트와 아들러의 위대한 성취에 뒤이어 또 하나의 비할 데 없는 선구적 역할을 수행했다고 보는 것이 정당한 평가일 것 같습니다.

크: 이러한 맥락 속에서 선생님과 선생님의 학파, 혹은 학설은 어떻게 자리매김될 수 있겠는지요? 고전적인 교과서에서 프로이트, 아들러, 융, 이 세 이름은 항상 나란히 등장하고 있는데 … 선생님의 학파는 통상 제3 비엔나 정신분석 학파라는 이름으로 소개되어 있는 걸로 알고 있습니다.

프: 비엔나 정신치료의 세 번째 경향이죠.

크: 다른 이유 때문이긴 합니다만 요즈음 한스 큉이 사람들 입에 자주 오르내리고 있는데, 이 사람이 쓴 책에 보면 선생님의 이름이 융이나 에리히 프롬과 결부되어 있습니다. 정신치료의 초기 노선을 극복한 하나의 경향으로서 말이죠. 큉의 이런 저작 속에서도 어떤 열쇠를 발견할 수 있지 않을까요? 물론 큉은 이 문제를 종교와 관련해서 다루고 있긴 합니다만 … 프로이트는 종교를 집단신경증으로, 뭔가 부정적인 것, 극복되어야 할 것으로 생각했지만, 융에 이르러서 종교는 새롭게 평가되어 무엇보다도 종교 상실이 신경증의 원인으로 대두되기 시작했다는 것이고, 또 이 생각이 바로 선생님의 입장과 접목되어 있다고 보는 거죠. 어떻습니까, 선생님을 융과 프롬의 연장선 위에서 이해하려는 이러한 시도를 받아들이실 수 있겠는지요?

프: 아, 그래요, 두세 개의 다른 경향과 나와의 관계에 대한 질문인데, 여기서 먼저 짚고 넘어가야 할 것이 있군요. 이미 1941년에 씌어졌지만 1946년에야 출판된 나의 첫 저서 첫째 쪽 첫 단락에서 프로이트의 제자였던 빌헬름 슈테켈의 말을 분명히 인용한 바 있습니다. 말하자면, 거인의 어깨 위에 올라탄 난쟁이는 어쨌거나 거인보다 조금 더 멀리 본다는 거죠. 제3 비엔나 학파라는 말, 내가 쓴 게 아니었습니다. 1940년대에 수첵이 이 개념을 만들어 공표한 후 다른 사람들이 그렇게 받아들여 썼나 봐요.

그들은 로고테라피를 비엔나 정신치료의 세 번째 경향이라고 불렀지요. 그러나 로고테라피 때문에 기존의 경향들이 포기되었다고 볼 필요는 없겠습니다. 건물에 비유하자면 그것들은 증축된 셈이죠. 오히려 올바른 전통, 올바른 노선으로 계승되었다고나 할까요 — 아들러가 이미 사회적 지평을 성적인 지평과 관련지은 바 있고, 융 역시 매우 막연한 의미에서나마 종교적인 차원을 끌어들이기도 했잖아요. 그러나 그러한 과정 속에서 융 자신도 심리주의의 오류를 탈피하지는 못했던 것입니다. 나아가서 당신이나 큉이 언급했던 프롬은 사회적 차원, 이것을 나는 마르크스주의적 차원이라 보고 싶은데, 이 사회적 차원을 더 강조한 편이었습니다. 그 후 빌헬름 라이히도 자기 방식대로 나름대로의 논의를 전개시켜 나간 걸로 알고 있습니다만 … 종교라는 문제와 관련해서 생각해 볼 때, 내가 당신 견해와는 달리 특별히 강조해 두고 싶은 것은, 로고테라피는 일차적으로 치료이며, 그중에도 정신치료라는 점입니다. 다시 말해 하나의 정신의학적 치료 방법이란 뜻입니다 — 설사 정신과 의사 아닌 사람들의 손에 의해 좌지우지되는 경우가 있다손 치더라도 말입니다. 로고테라피 자체는 세속적인 '접근 방식'이에요. 크로이처 씨, 만약 당신이 나를 로고테라피의 창시자로 간주한다면 내가 주장하는 바를 이해할 수 있을 것입니다. 종교적인 사람이건 비종교적인 사람이건 로고테라피는 모든 환자에게 다 적용될 수 있다고 나는 말합니다. 그리고 여기에 가치를 두고 있어요. 그뿐 아니라 로고테라피는 무신론자냐 신앙인이냐에 상관없이 모든 치료자들이 다 사용할 수 있는 치료법입니다. 우리는 물론 로고테라피, 더 정확히 말하면 로고테오리(의미 이론)의 관점에서 인간의 종교성이라는 현상을 다루고 있지만, 이 또한 어디까지나 본질적으로 인간적인 현상일 따름입니다. 따라서 이렇게 묻는 것이 올바른 문제 제기 방식일 것입니다 — '인간의 정신적 삶에서 종교성이라는 현상은 어떤 위치를 점하고 있는 것일까?' 로고테라피가 신을 믿느냐고 묻지 마세요. 그건 정당한 질문이 아닙니다.

긴 의자가 필요 없는 정신치료

크: 이제 본론으로 되돌아가서 실제적인 이야기를 좀 나누어 보고 싶습니다. 로고테라피란 도대체 어떻게 행해지는 것입니까? 궁금해 하시는 분들이 많을 것 같은데 … 누구나 통속 과학서적을 통해서나 잡지 따위를 통해서 정신분석에 대한 나름대로의 이미지는 가지고 있겠죠? 이를테면 긴 의자에 눕혀 놓고 외디푸스 콤플렉스에 대해 물어 대는 치료 방법 정도로 말입니다. 그러나 아들러는 어떤 식으로 치료했는지, 그리고 선생님은 어떻게 치료하고 계신지 아는 사람은 그리 많지 않습니다. 선생님께서는 어떻게 치료하십니까? 로고테라피스트에게서 환자는 구

체적으로 어떤 치료를 받게 됩니까?

프: 크로이처 씨, 언젠가 내가 미국 의사 한 사람과 이야기 나눌 기회가 있었습니다. "아하, 그러니까 당신은 정신분석가로군요" 하길래 내가 그랬죠. "정확히 말하면 정신분석가가 아니라 정신치료자입니다." "그래요? 그럼 당신이 대표하는 학파는 무엇입니까?" "로고테라피라고 합니다." "그렇다면 정신분석과 로고테라피 사이에는 어떤 차이가 있죠? 한 문장으로 말할 수 있습니까?" "물론이죠, 하지만 정신분석의 본질은 또 뭔지 당신이 먼저 내게 한 문장으로 설명해 줄 수 있겠습니까?" 그러니까 그 사람 대답이 이랬습니다. "아이고, 정신분석이라 … 영어로 하면 훨씬 더 우습게 들리겠지만, 정신분석이란 긴 의자에 드러누워서 하기 껄끄러운 말들을 늘어놓아야 하는 것 아닌가 싶어요." 그래서 나는 이렇게 대답했죠. "로고테라피의 경우는 그냥 앉아 있어도 되지만, 때에 따라서는 듣기 거북스러운 말들을 듣고 있어야 된답니다." — 이것이 미국의 많은 교과서에 로고테라피의 신빙할 만한 정의로 채택되어 버렸음은 실로 유감스런 일입니다. 물론 그건 진지한 정의가 아니지요. 장난삼아 그래 본 거지 … 그러나 거기에도 일말의 진실은 있습니다. 가령 로고테라피에서는 환자가 자신의 성에 대한 무의식적 억압 따위와는 대면하고 있을 필요가 없다는 …

크: 그러나 그런 것들이 전적으로 배제되는 것은 아니

잖아요.

프: 절대 아니죠. 성이란 대단히 본질적인 문제입니다.

크: 과잉보상Überkompensation이라는 아들러적 측면도 …

프: 그것 역시 배제할 수 없지요. 나는 프로이트 밑에서뿐 아니라 아들러의 초청으로 아들러와도 함께 일한 적 있고, 제자의 한 사람으로 인정받기도 했습니다.

쾌락의지, 권력의지, 의미에의 의지

크: 기존의 주제들이 선생님의 방법론 속에 포함되면서 결국 세 가지 문제가 두루 섞여 있다고 봐도 좋을까요? 프로이트의 쾌락의지, 아들러의 권력의지, 그리고 선생님의 의미에의 의지에 이르기까지 …

프: 그렇다고 볼 수 있죠. 그러나 그것은 문제를 지나치게 단순화시키는 사고일 수도 있다는 것을 염두에 두셔야 할 거예요. 물론 그 자체 전혀 빗나간 발상은 아니지만 …

크: 만약 외디푸스 콤플렉스를 가진 사람이 선생님을 찾아온다면 어떤 일이 일어날까요?

프: 내가 쓴 책 『신경증의 이론과 치료』*Theorie und Therapie der Neurosen*에 그런 사례가 상세히 설명되어 있죠. 이 사례에서는 진짜 외디푸스적 상황하며 그에 따른 제반 증상들이 두루 문제가 되고 있었는데, 실은 나도 분석이 진행되는 도중에야 알았습니다. 하지만 그게 중요한 게 아니잖아요? 본질적인 것은 따로 있습니다. 그 환자는 리비도

적 차원에서 비롯되는 무의식의 내용이라든가 어렸을 적에 느꼈던 자기 형제들과의 어떤 경쟁의식 따위와 씨름하고 있었던 게 아니었습니다. 의미중심적 정신치료인 로고테라피의 견지에서 볼 때 이 환자는 자기실현이랄지, 삶의 의미를 충족시킬 가능성 따위를 만족시키지 못하고 있었던 겁니다. 그래서 때때로 이 문제와 심각한 대결을 벌이고 있었던 거지요. 갑자기 자신의 지평이 넓어지기 시작했습니다. 자기를 기다리는 과업이 있음을, 그리고 이 과업을 달성할 수 있는 사람은 오직 자기 자신뿐이라는 것을 알았던 것입니다. 자신이 책임 있는 존재임을 의식하게 되었습니다. 이것이 바로 인간존재의 본질적 특징입니다. 그는 칼 뷜러가 말하는 '아하!' 체험에 도달했습니다. 이제 확실해진 것입니다. ― 그래, 이제는 뭔가가 일어나야 해, 이건 내가 그저 가만히 앉아서 감내하고만 있어도 될 상황이 아냐. 나는 나의 상황을, 나의 세계를 변화시키지 않으면 안 돼 ― 이런 사람들은 형편에 따라서는 정치적으로 활동하기도 하고 영향받기도 하겠지요. 그들은 아주 구체적인 하나의 의미가 대단히 구체적인 상황 속에서 매우 구체적인 인격체로서의 자신을 기다리고 있다는 것을 인식하게 됩니다.

로고테라피 — 만병통치 아니다

크: 그렇다면 이제는 로고테라피가 다른 정신치료를 대신할 수 있게 되는 셈인가요?

프: 모든 치료는 진단에 근거하고 있습니다. 정확히 말하면 각기 다른 진단에 근거하고 있다고 말씀드릴 수 있겠습니다. 인간은 세 가지 차원에 관여된 존재입니다. 몸, 신체, 혹은 신체를 구성하고 있는 각 기관이 그 첫 번째 차원입니다. 둘째로는 좁은 의미에서의 의식이라든가 영혼의 차원을 들 수 있겠죠. 그리고 마지막이 정신의 차원인데 이것은 인간에게만 고유하고 특징적인 차원입니다. 우울증을 예로 들어볼까요? 물론 우울증은 기질적 원인에서 비롯될 수 있습니다. 이것이 생화학적인 문제인지, 혹은 어떤 유전적 요인이 여기 관여하는지에 대해서는 더 깊이 들어가지 않겠습니다. 그러나 어쨌든 이런 경우라면 신체적·생화학적 차원에서 치료가 이루어져야 할 것입니다. 이를테면 약물 치료가 행해지겠죠. 요즈음 들어 이데올로기적인 이유 때문에 약물 치료가 적잖이 욕먹고 있는 실정이긴 하지만, 내인성(內因性) 우울증 단계에서 대책 없이 고통받고 있는 환자에게 약물 투여라는 현대판 은혜를 베풀지 않는다는 것은 거의 임상적 오류에 가깝다는 사실을 경험 많은 정신과 의사라면 누구나 확인시켜 줄 수 있을 겁니다 — 이들은 심리학자가 아니라 정신과 전문의라는 것을 강조하고 싶습니다.

크: 방금 하신 말씀, 그러니까 정신이상의 기질적 원인과 약물 치료에 대해 합리적인 정신치료를 하는 사람이라면 누구나 동의할 것이라는 뜻인가요?

프: 예, 그것도 어떤 학파의 정신치료 방식에 따르는가에는 하등 상관없이 … 물론 그가 어느 정도의 개인적 임상 경험을 구사하고 있느냐, 내인성 우울증이란 것을 보고 진단한 적이 있느냐 하는 것에는 달려 있겠지만. 내인성 우울증과 심인성 혹은 반응성 우울증은 진단학적으로 정확하게 구별됩니다. 신체적 원인에서 비롯되는 내인성 우울증이라면 진짜 정신병에 속하겠죠. 하지만 신경증이라는 것은 원래가 …

크: 기질적 이상 없이도 발생하는 심리적 질병이지요.

프: 신경증의 원인을 찾을 때 정신분석학에서는 콤플렉스로, 개인심리학에서는 갈등이나 정신적 외상에 대한 체험 등으로 거슬러 올라가곤 합니다. 여기에 정신치료의 다른 학파들도 나름대로의 입장을 내세우고 있겠죠. 로고테라피만을 전매특허 내려는 욕심은 부리지 않습니다. 말도 안 돼요. 하지만 신경증이 어떤 악순환 기제에 의해서 야기될 때는 로고테라피가 기선을 잡게 됩니다. 여기서는 소위 역설적 의도paradoxe Intention라는 테크닉이 주로 사용되는데, 이는 내가 1920년대에 발전시킨 것입니다.

크: 선생님께서 총체적인 치료 개념으로부터 배제하는 정신분석 내지 정신치료의 학파는 없다는 것이 지금까지

하신 말씀의 결론인 것 같습니다. 상호 보완하는 복합적 치료 방식이 팀웍을 이루어 행해지는 모습을 생각해 볼 수 있겠죠?

프: 물론입니다. 내가 거듭 말씀드렸잖아요, 로고테라피란 …

크: 어느 학파에 반대하는 학파로 이해되어서는 안 된다고요 …

프: 로고테라피는 제 스스로의 발전에 대해서도 개방적입니다. 『로고테라피 국제 포럼』*The International Forum for Logotherapy*이라는 잡지, 혹은 산드라 와브릿코 교수가 발행하는 『프랭클 연보』*Analecta Frankliana* 제1호에 실린 1차 세계 로고테라피 학회 보고 기사를 읽어 보시거나 이제 막 코네티컷 대학에서 열리고 있는 2차 세계대회 소식을 들어 보시면 로고테라피가 내 제자들에 의해서 얼마만큼 발전되어 있는지를 알 수 있을 것입니다. 로고테라피는 자신의 발전에 대해서도 개방되어 있으며, 다른 학파들과의 협력이라는 측면에서도 열린 체계입니다.

크: 그렇다면 로고테라피를 주로 하는 정신과 의사가 자신의 환자를 다른 동료 의사에게 보내는 사례가 있을 수 있다는 얘기군요. 물론 그 동료 의사의 치료 방법이 환자에게 더 적합하다고 판단될 경우겠습니다만 …

프: 원칙적으로는 가능한 일입니다. 로고테라피스트들은 보통 로고테라피의 정통성에만 집착하는 신봉자들이

아닙니다. 다행한 일이죠. 그들은 자발적으로 로고테라피를 다른 치료법과 조화시키려는 노력을 하고 있습니다. 내가 비엔나 시립병원 신경과를 책임지고 있던 당시만 해도 신경증의 극소수 경우에만 로고테라피 방식이 적용되곤 했습니다. 이것도 기질적 신경장애는 빼고 하는 말입니다. 당시 제 밑에 있던 의사들 중 두 명이 프로이트 학파에 속한 정통 정신분석가였습니다. 하지만 나는 치료 방식에 관한 한 일체의 간섭도 하지 않았지요. 행동 치료가 로고테라피와 병행되기도 하고 로고테라피를 보완하거나 아예 대치되어 적용되는 일이 드물지 않았습니다.

크: 결국 로고테라피가 만병통치는 아니라는 말씀이시군요. 어떤 정신병리적 증상이건 그저 로고테라피 하나로 해결되는 것이 아니라 경우에 따라서는 로고테라피의 관점에 더 역점을 둘 수 있다는 정도로 이해하겠습니다.

결코 질병일 수 없는 고통을 치유한다는 것

프: 로고테라피는 의미중심적 정신치료입니다. 그래서 인간의 본질이 의미를 통해 정위되어 있다는 사실에 초점을 맞춥니다. 단순히 심리적인 것을 넘어서, 어떤 의미를 띠고 있는 인간의 사유思惟적인 측면, 그러니까 인간에게만 특별히 주어져 있는 인간다운 어떤 것이 운위되어야 하는 경우라든가, 혹은 의미추구자로서의 인간이 삶의 의미를 구할 때 결국 좌절할 수밖에 없는 그런 경우에 로고

테라피는 합당한 처방을 제공할 것입니다. 그러나 이런 상태도 애초부터 병과는 아무런 관계도 없다고 봐야 합니다. 삶의 의미라는 것을 놓고 부단히 투쟁하는 인간이 신경증 환자라니요 … 그런 경우에 '실존분석'Existenzanalyse이라는 이름을 붙여서 '치료'를 하자니 이 말이 오해의 여지가 있는 용어라서 어쩔 수 없이 (의미 치료라는 뜻을 가진) '로고테라피'를 쓰긴 합니다만, 사실 이 경우는 치료Therapie가 아니죠. 왜냐하면 소위 '환자'라고 불리는 이런 사람들이 실제로 처해 있는 정황을 자세히 살펴보면 결국 병이 아니거든요. 한 젊은이가 제 삶의 의미와 씨름하고 있다는데, 이게 무슨 병입니까? 굳이 그런 것이 병, 그러니까 일종의 신경증이라면 그건 어떤 특정한 사회적 상황에서 기인하는 것으로 봐야겠죠. 그 젊은이가 자기 삶에 의미를 찾아 헤매다가 결국 주저앉을 수밖에 없었다면 간혹 그것은 산업사회, 대량 소비사회 등등의 꼬리표가 붙어다니는 오늘날의 사회구조 때문일 수도 있을 것입니다.

크: 그러니까 로고테라피란 결국 신경증이라는 좁은 영역에 직접적으로 적용되는 것이기도 하지만, 결코 신경증일 수 없는, 삶의 더 넓은 문제 영역에도 합당한 접근 방법이 될 수 있겠군요. 일반적인 신경증 증후군에 쓰이는 선생님의 치료법이 특별히 로고테라피적인 것만은 아니다, 이런 뜻도 될 수 있을 것 같습니다. 앞서 '역설적 의도'라는 것에 대해 언급하신 적이 있지요? 여기서 '자기

기만'을 가능케 하는 메커니즘이 발동될 경우, 이 '역설적 의도'란 것이 우리의 의미 문제와 대체 어떤 관련을 맺을 수 있는지 궁금합니다.

프: 지난 몇 년간 적지 않은 책들이 쏟아져 나왔습니다. 대단히 정평 있는 미국인 저자들이 쓴 책들인데, 대개는 모범적인 저작이라 부를 만한 것들입니다. 그런데 여기서 저자들이 이런 말을 해요: 로고테라피에 대해서 모든 것이 다 이해가 되는데 한 가지가 좀 찝찝하다, 역설적 의도가 의미 문제와 도대체 무슨 상관인지 모르겠다 … 심지어는 아예 딱 꼬집어서 이렇게 말하는 사람도 있었습니다: 역설적 의도와 의미 문제가 공유하는 유일한 공통점은 둘 다 프랭클이 한 말이라는 것이다! 과연 그럴까요? 역설적 의도란 인간에게만 특징적인 능력에 근거를 두고 있음에 특히 유념하세요. 이때 우리가 말하고 있는 것은 인간의 자기 초월Selbsttranszendenz, 그러니까 사람에게는 언제나 자기 자신을 넘어 나올 줄 아는 능력이 있다는 사실입니다. 그러나 인간에게는 자기를 초월하는 능력만 주어진 것이 아닙니다. 인간에게만 특별히 주어진 두 번째 능력이 있지요. 바로 자기 자신과 거리를 둘 줄 아는 능력 Selbstdistanzierungsfähigkeit입니다. 인간은 자신과 절연할 수 있습니다. 자신에 맞서 대항할 수 있고 또 필요에 따라서는 자신을 거부할 줄도 압니다. 이러한 '자신과의 맞대결'이 항상 영웅적인 방법으로만 행해질 필요는 없고, 가끔

은 아이러니컬한 양상으로 전개될 수도 있는 겁니다. 그 때문에 유머를 인간에게 특별히 주어진 능력으로 보는 것이겠지요. 왜냐하면 유머는 인간이 웃을 줄 안다는 것, 그것도 자기 자신에 대해서 웃을 수 있고, 나아가서는 자신이 느끼는 공포에 대해서조차 웃을 수 있다는 것을 전제하기 때문입니다.

흘려야 될 땀이라면 흘려버려라

크: 예를 하나 들어 주시겠습니까?

프: 오래 전에 어느 종합병원 의사 한 사람이 찾아온 적이 있었는데, 이 사람은 자기의 과장이든 다른 어떤 상사든 좌우간 높은 사람 앞에만 가면 땀을 줄줄 흘리기 시작한다는 거예요. 이 점이 그에겐 여간 공포스러운 일이 아닐 수 없었나 봅니다. 심지어 과장 의사하고 악수할 일만 생겨도 땀구멍이 사정없이 열려 버리니 본인으로서는 참 곤혹한 상황이었겠죠. 바로 예기불안 기제Erwartungsangstmechanismus가 발동된 겁니다. 일종의 순환기제죠. 땀을 흘리면 어쩌나 하는 두려움이 바로 식은땀을 유발했던 것이었습니다. 그래서 나는 이렇게 일러 주었죠: "이렇게 해 보는 게 어때요? 이다음에라도 과장이 나타나거든 말이죠, 음, 그 양반이 틀림없이 악수하자고 손 내밀 거 아녜요? 그럴 땐 속으로 이렇게 말해 보세요. '그렇지, 이제 땀 쏟기 시작하는 거야. 쏟는 것처럼 제대로 한번 쏟아 봐야

지. 지금까진 1리터씩밖에 못 흘렸잖아. 그래, 오늘은 한 10리터쯤 흘려보는 거다. 손아귀에서 식은땀 흐른다는 게 과연 어떤 건지 과장님도 좀 알아 두는 게 좋을걸? 내가 얼마나 신나게 땀 잘 흘리는지 곧 알게 될 것이다!'" 그러고는 실제로 그렇게 했고 일주일 후에 날 다시 찾아왔더군요. 다 나았다는 거예요. 내 기억이 정확하다면 그는 꼬박 4년을 이 발한공포증에 시달렸던 사람입니다. 바로 자신의 태도를 바꿈으로써 스스로 자신을 치유한 것입니다. 역설적 의도라는 것은 환자가 지금까지 제일 무서워하고 피하고 싶어 했던 것을 오히려 바라거나 의도하는 행위를 말합니다. 이 점이 바로 행동 치료에서 '증상 처방'symptom prescription이라고 말하는 것과 근본적으로 구별되는 점이지요. 발한공포증 환자가 찾아왔을 때 나는 환자에게 땀 흘리는 것을 더 많이 두려워해야 된다고 말하지 않습니다. 그렇다면 그건 '증상 처방'이지요. 증상을 딱 규정지어 버리는 겁니다. 오히려 증상을 강화시키는 행위예요. 마찬가지로 하루에 스무 번씩 손을 씻어야 직성이 풀리는 강박신경증 환자에게 너는 하루에 손을 이백 번씩 씻어야 된다는 말도 안 합니다. 이 또한 증상을 강화시키는 일이지요. 우리 로고테라피스트들은 그런 식으로 하지 않습니다. 역설적 의도를 통해서 나는 공포나 강박감을 강화시키는 것이 아닙니다. 다만 지금까지 환자가 그렇게도 무서워했던 바로 그것을 이제부터는 오히려 원하거나 의도

해 볼 것을 권유할 따름입니다. 광장공포증에 시달리는 환자에게, 사람 많이 모이는 넓은 장소에 가는 것을 더 많이 두려워해야 할 것이라고 말하는 게 아니라는 얘기지요. 그 대신 이런 말을 해 주곤 합니다: "당신, 심장마비 일으킬까 겁나서 사람 많은 곳 무서워하지요? 그렇게 겁만 내고 있을 게 아니라 이렇게 한 번 작정해 보는 게 어때요? '오늘은 외출하자. 그래서 뇌졸중이건 심장마비건 아무거나 걸려 버려라. 밖에 나가서 어떻게 한 사람이 열 번씩이나 멍청히 위축될 수 있는지 길거리 사람들에게 보여 줘야지.'" 아시겠지요? 이 순간 환자는 내심 자신에 대해서 웃기 시작하는 것입니다. 이로써 자신과의 거리가 어느 정도 형성되었습니다. 그를 그의 증상과 **동일시해야 할 이유가 없습니다**. 그는 다만 그 증상을 **앓고 있을 뿐**입니다. **그 사람 자신이 곧 신경증 환자**인 것이 아니라, 다만 신경증의 **소유자에 지나지 않았으므로**, 이제 그는 신경증을 스스로 자유롭게 다룰 수 있게 된 것입니다.

크: 그 환자는 이제 자신의 증상이라는 족쇄에 얽매여 있던 육체에서 벗어나 아래를 굽어볼 수 있게 되었다 …

프: 그래요, 그래 …

자신에 대해서 웃을 수 있다는 것

크: 말하자면 자신에게 거리를 두게 되었다는 거죠.

프: 크로이처 선생, 바로 여기서 역설적 의도라는 테크

닉이 로고테라피의 인간학적 토대랄까, 혹은 그 인간상이랄까, 뭐 이런 것들과 깊이 관계하고 있다는 걸 아실 겁니다. 이 점을 간파하고 있는 사람들은 그리 흔치 않더군요. 말하자면 자기로부터 거리를 둘 줄 아는 능력이 어떤 역할을 하는 한에 있어서 그렇다는 거죠. 인간은 자기를 초월할 때, 그러니까 자기 자신을 넘어 의미에 대한 물음을 던질 때 비로소 인간일 수 있습니다. 내 존재의 의미가 무엇이냐고 묻는 짐승은 없죠. 자기와 거리를 둘 줄 아는 능력에 힘입어 인간은 자신에 대해서 웃어 버릴 줄도 알게 되는 것입니다. 그리하여 자기 스스로를 야유하고 조롱하는 데까지, 특히 자신의 신경증을 비웃고 조소하는 데까지 나아갑니다. 결국 자신으로부터 일정한 거리를 두는 작업이죠. 인간이 웃을 수 있다는 것 — 동물은 웃을 수 없습니다 — 더구나 제 스스로에 대해서 웃을 수 있다는 것, 얼굴 똑바로 쳐다보고 자기를 조소할 수 있다는 것, 정면으로 신경증과 대결해서 그것을 비웃을 수 있다는 것, 이러한 사실들은 자기 초월이 탈반추Dereflexion와 관련을 맺고 있듯이, 내가 말하는 역설적 의도와 밀접한 관계를 가지고 있습니다. 자기 초월이란 인간의 의미추구, 그리고 이때 발견된 의미의 치유 효과입니다. 끝으로 한 가지만 짚고 넘어가지요. 행동 치료자들은 그들이 지닌 인간관 때문에 로고테라피의 가장 심각한 적대자일 수 있겠는데, 여기서 재미있는 것은 그들이 내게서 역설적 의도를 따갔다는 사실입니다. 그 증거는 월프 교수가 제공합니다. 조세프 월프 — 행동 치료, 체계적 탈감작화脫感作化(Desensibilisierung) 이런 등등을 확립한 사람이죠. 이 사람이 자기가 몸담고 있는 필라델피아의 한 대학에서 열린 정신 치료학회의 발표자로 날 초청한 적이 있었습니다. 월프 밑에서 일하던 마이클 애셔 교수는 자신의 최근 연구를 전적으로 역설적 의도라는 주제에 바쳤는데, 그는 역설적 의도가 가장 뛰어난 행동 치료일 뿐만 아니라, 불면증 같은 몇몇 특정한 증세에 대해서는 통상적 행동 치료의 테크닉을 훨씬 능가한다는 사실을 실험적으로 입증했습니다. 그는 수백 명의 불면증 환자들을 병행해서 치료토록 했습니다. 이 환자들이 잠드는 데까지는 평균 48분이 소요되었습니다. 10주 동안 전통적인 행동 치료를 적용한 결과, 이들이 잠드는 데 걸리는 시간은 39분으로 단축되었습니다. 그러고 나서 별 치료 효과를 나타내지 않던 환자들에게 2주 동안 역설적 의도 요법을 적용해 보았더니, 그들은 평균 10분 이내 잠에 빠졌다는 겁니다.

양떼를 셀까요, 아니면 …?

크: 치료 방법에 특징적인 차이가 있다면 어떤 것을 들 수 있을까요? 행동 치료는 일종의 길들이기 같은 건지 …

프: 그와는 달리 역설적 의도는 이렇게 진행됩니다. 우선 사람들을 교조적 선입견으로부터 해방시켜야 합니다.

사람들은 대중매체가 제공하는 고정관념에 얽매여 있죠. 이를테면 불면증은 끔찍하게 공포스런 것이라든가, 잠 안 자면 죽거나 환영 따위에 시달리게 된다든가 … 나는 환자들에게 분명히 말합니다: 생명체가 절대적으로 필요로 하는 잠은, 당신이 믿거나 말거나 의식하거나 말거나 저절로 오고 보충되게 되어 있습니다. 그러니까 내가 지금부터 권하는 것을 한 번 감행해 보십시오. 잠들려고 애써 노력하지 마십시오. 그 팽팽한 긴장은 오히려 오는 잠도 쫓아 버릴 수 있습니다. 그 대신 이렇게 생각해 보십시오. 오늘밤엔 굳이 잘 필요가 없을 거야. 그저 긴장 풀고 편안히 누워 이런저런 생각이나 굴려보지 뭐. 지난 여름 피서지의 기억들, 아니면 내년 휴가를 어떻게 보낼까 하는 따위 … 오늘만큼은 불면에 대해서 관심 가지지 말자. 차라리 깨어서 이 밤을 밝혀 버리는 거야. — 그러고 있다가 그냥 잠들어 버리는 거죠. 마이클 애셔 교수가 해낸 일 중 제일 기발한 것은, 그 사람이 언젠가 이걸 가지고 비엔나에서 강연한 적도 있었는데, 다음과 같은 사례입니다. 어떤 여자 환자가 있었대요. 몇 년에 걸쳐 프로이트류의 정신분석을 받았지만 별 효과가 없었나 봅니다. 그래서 애셔 교수가 그 환자의 불면증 치료에 역설적 의도란 걸 한 번 써 보기로 했는데 그 여자분이 보인 반응이 이랬답니다: "그 무슨 쓸데없는 짓예요. 암만 해도 소용없어요. 그런 식으로 제대로 치료할 수 있을 것 같습니까? 무의식 속에 도사리고 있는 콤플렉스나 심한 정신적 외상Traumata, 혹은 내적 갈등 같은 거 일일이 끄집어내서 의식 표면에 떠올려야 한다고요. 이런 작업 없이 뭘 고친다 그래요? 이거 하는 데만도 몇 년씩 걸릴 텐데 … 안 그래요, 교수님?" 애서는 이 저항을 제 발에 걸려 넘어지도록 해야 했습니다. 어떻게 했는지 아세요? 이랬대요: "옳은 말씀이십니다. 하지만 무의식 속에 깊이 파묻혀 있는 자료들을 다 끄집어내기 위해서 당신은 우선 스스로를 빈틈없이 관찰하셔야 합니다. 잠드시기 전에 머리에 떠오르는 것 뭐가 됐건 하나도 빠짐없이 세세하게 다 기록하세요. 잠재의식 저 밑바닥에 있는 생각들을 모조리 떠올려서 하나하나 정확하게 쓰셔야 합니다. 그러니 오늘 저녁부터는 잠을 다소 못 주무시는 한이 있더라도 제가 말씀드린 작업을 시작하세요. 제가 치료하는 데 꼭 필요한 자료들입니다. 그러니까 대충 하지 마시고 하나도 남김없이 세밀히 적어서 제가 읽을 수 있도록 해 주세요, 아시겠죠?" 그날 밤 그 여자는 적다가 그만 잠들고 말았다는 것 아닙니까! 이런 데 대한 인식 자체야 물론 전혀 새로운 것이 아니죠. 하지만 이를 방법론적으로 정립하고 체계화시킨 건 바로 로고테라피라고 봅니다.

의미 — 발견되는 것인가, 부여되는 것인가?

크: 선생님, 다시 로고테라피 문제로 되돌아가겠습니

다. 로고테라피는 어떻게 진행됩니까? 인간에게 있어서, 그러니까 환자에게 있어서 잃어버린 의미는 다시 **찾아야 할** 것입니까, 아니면 그 인간에게 부여되어야 할 것입니까? 의미는 인간이 **발견**하는 것일까요, 아니면 **창출**하는 것일까요?

프: 우선 첫 번째 질문부터 봅시다. 정신분석, 개인심리학 그리고 로고테라피에 어떤 공통분모 같은 것이 있죠? 자명하게 드러납니다: 뭔가를 의식하게 되는 일이 관건이라는 거죠. 예를 들어 보겠습니다. 어떤 경영인은 자기에게 돈 버는 일이 생각했던 것처럼 그렇게 소중하지 않다는 것을 문득 깨닫게 됩니다. 어떤 사람에게는 난봉꾼 노릇이 그전처럼 그렇게 신명나는 일이 아니라는 생각이 문득 들 수 있겠지요. 또 어떤 사람은 디스코장에서 흔들고 노는 짓거리가 시덥잖게 여겨지는 체험을 하기도 합니다. 이들 모두가, 쾌락을 좇는다거나 미친 듯이 일에 파묻히는 삶의 뒤안길에는 뭔가 내적 공허랄까, 의미 상실의 덧없음 같은 것이 도사리고 있음을 의식한 것입니다. 이것이 의식되는 거죠. 분석적 의미에서 의식되는 거예요. 그 다음에는 하나의 의미를 희구하게 됩니다. 진실로 사랑할 수 있는 대상을 갈망하게 되죠. 성적 충동과 욕구를 진정시키기 위한 수단, 혹은 성적 노리개로 써먹을 대상이 아니라 진정한 사랑의 파트너를요. 그리고 의무가 자기를 기다리고 있음을 의식하게 됩니다. 이제 자신이 진실로

몸 바칠 수 있는 일에 몰두해야 할 것이라는 것을 깨닫게 되는 거지요. 일에 헌신함으로써 비로소 자신을 실현시킵니다. 이 모든 것이 의식 표면으로 떠오르게 되는 것입니다. 이제 여기에 약간의 촉매작용만 가해지면 됩니다. 마치 이 대담에서 사회자인 당신이 내게 촉매 구실을 했듯이 말이죠. 이런 때는 의사와 환자 사이에 어떤 일종의 수평관계가 성립됩니다. 환자는 자발적으로 반응하게 되어 있어요. 로고테라피를 통해서 우리는 환자가 시야를 넓힐 수 있도록 그저 도와줄 따름입니다. 의미가 **발견**되는 것인지, **창조**되는 것인지 물으셨던가요? 나는 분명히 말합니다: 로고테라피스트는 화가라기보다는 안과 의사에 가깝습니다. 화가란 **그에게** 보이는 대로 세계를 그리지요. 하지만 안과 의사는 환자가 세상을 있는 그대로, **그 환자에게 존재하는 모습 그대로** 볼 수 있도록 도와줍니다. 말하자면 지평을 넓히고 의미와 가치에 대한 시야를 확장시키는 거죠. 그러나 신경증 환자의 20%만이 의미 상실과 관련을 가진다는 사실도 지적해 두고자 합니다. 나머지 80%는 의미 문제와 별 상관이 없어요. 뒤집어 얘기해 볼까요? 이 말은 의미를 찾기 위해 발버둥치는 대부분의 사람들이 신경증 환자는 아니라는 뜻입니다. 오늘날 로고테라피를 싸잡아 의미지향적 정신치료와 동일시하는 것은 현시대가 낳은 한 증상일 뿐이죠. 시대정신의 '질병'이거나 … 의미를 갈망하는 인간은 결코 병든 인간이 아닙니다. 물론 많은 사람들이 정신치료를 자신에게 꼭 필요한 것으로 느끼고 있는 게 사실입니다. 하지만 정신치료의 80%는 전통적인 강박신경증이라든가 공포신경증 따위를 다루고 있어요. 사람들에게 정말 절박한 문제는 나머지 20%의 몫입니다.

쇳가루를 보고 자장이 있음을 안다

크: 로고테라피 비판에 대해 몇 마디 덧붙이고 싶습니다. 재미있는 말이 들렸어요. 로고테라피는 정신**분석**이 아니라 정신**합성**이라는 말이죠. 이는 환자를 해석할 때 필요할 경우에는 치료자의 관점을 개입시켜 가며 해석하는 것이 가능하다는 것을 의미하는 말인지요? 환자에게 필요하다면 환자를 **설득**시키는 일이 행해질 수도 있음을 뜻하는 것일는지요?

프: 오히려 그 반대라고 말하고 싶습니다. 정신**합성**이라는 건 없어요. 그러나 다양한 정신력들이 통합되고 있음은 사실입니다. 쉽게 설명하면 이렇습니다. 쇳가루 밑에 자석을 대보면 쇳가루가 일시적으로 질서 정연한 모습을 갖추게 되잖아요? 정신생활의 통합과 그 귀결, 자기실현과 그것이 가져다주는 결과, 그리고 행복해지는 것, 이 모두가 어떤 목적을 지향한 덕에 얻어질 수 있었던 부산물입니다. 자기에게 어떤 특별한 과제가 있음을 아는 것, 매우 구체적인 의미에 대한 인식, 삶의 총체적 의미나 목

적이라기보다는 지금 바로 이 자리, 자신이 처해 있는 구체적인 상황 속에서 지닐 수 있는 의미를 아는 일, 이것 이상으로 한 인간의 내적 고뇌나 외적 시련을 떨쳐 버리는 데 도움이 될 만한 것은 이 세상에 없다고 생각합니다. 전쟁 포로 수용소 같은 데서 흔히 볼 수 있는 일이죠. 내가 일하던 캘리포니아의 한 대학에는 학생들 중에 미군 장교들도 있었어요. 우연히도 그중 세 명은 당시 월맹의 포로수용소에서 오랜 포로 생활을 체험했던 사람들이었습니다. 독방의 고립 생활 등등 한마디로 상상하기 힘든 고초를 겪었죠. 한 사람은 7년 동안이나 갇혀 있었대요, 7년 씩이나! 우리는 열린 토론 마당을 연 적도 있었는데, 그때 나온 결론이 결국 그것이었죠. 아마 스탈린그라드에서 귀환한 사람들이나 나치의 강제수용소에서 살아 돌아온 사람들로부터도 같은 말을 들을 수 있을 겁니다. 그들을 살아 버티게 해 주었던 것이 그나마 있었다면 그건 자기를 기다리는 무언가가 있다는 데 대한 확신뿐이었다는 거죠. 그것이 사람이든 다른 어떤 것이든 간에.

서기 1945년을 겪는 방법

크: 선생님, 그건 매우 중요한 자서전적 사건이기도 하지요? 삶의 가장 소중했던 체험과 선생님 학설에 대한 확증을 강제수용소의 처절한 고통 속에서 일구어 내셨잖습니까? 거기에 대해서는 책도 많이 쓰시고 말씀도 참 많이

하신 걸로 알고 있습니다만 …

프: 두 권의 정신의학 교과서에만도 수용소 정신의학에 관해 두 장章을 할애해야 했습니다.

크: 선생님의 근본 신념이 옳다는 것을 수용소에서 확인하셨나요?

프: 예, 그렇게 말씀드릴 수 있겠습니다. 미래 속에 매우 구체적인 과제를 설정해 놓고 거기에 매달리는 사람들에게 가장 확실한 생존의 기회가 주어지더라는 거죠. 그것을 미국 심리학 쪽에서는 '생존가'生存價(survival value)라고 하더군요. 다시 말해서 살아남을 수 있는 찬스가 점점 증폭된다는 것을 의미합니다. 이 동기론적 개념을 나는 로고테라피 테두리 내에서 발전시켰는데, '의미에의 의지' Wille zum Sinn가 바로 그것입니다. 삶에 있어서 하나의 의미를 지향하고 있는 사람, 이 의미를 의무로 여기고 있는 사람, 이 의미에 대해서 책임감을 느끼고 있는 사람, 이런 사람은 극한상황 속에서 그렇지 않은 보통 사람에 비해 놀랄 만큼 엄청난 생존의 기회를 가질 수 있다는 뜻입니다. 물론 이것이 생존의 충분조건은 아니라 하더라도 최소한 하나의 필요조건은 되겠지요. 종교적인 의미에서 자신들의 신에게 의무감을 지니고 있다고 느꼈던 사람들조차도 속절없이 무너져 내리고 멸망해 간 사례가 허다하잖아요? 그러나 같은 조건하에서라면 의미를 통해 삶의 방향을 설정하고 있는 사람들에게 훨씬 높은 생존의 찬스가

주어진다는 것은 부인할 수 없는 사실입니다.

서기 2000년을 겪는 방법

이러한 사실을 온 인류에게 그냥 일반화시켜도 되리라 봅니다. 만약 인류가 이 위기의 시대에 살아남게 된다면 이는 언제라도 공통된 의미를 추구하는 공통된 의지로 화합할 때에, 그러니까 공통의 과제를 향해 돌진할 때만 가능할 것입니다. 그것이 환경 문제가 될 것인지 아니면 유엔에서 논의하고 있는 또 다른 어떤 과제가 될 것인지 하는 것은 지금 여기서 따질 문제가 아니죠.

크: 우리는 지금 세계적으로 만연되어 있는 집단신경증에 빠져 있습니다. 왜 이런 일이 일어나죠? 선생님의 이론에 따르면 우선 인간이 진화를 통해 그 지위가 점점 높아지면서 본능을 잃어갔기 때문이며, 이후에는 근세의 태동과 함께 대두된 진보와 계몽이 전통을 점차 희석시켰기 때문이지요. 그러니까 현금의 정황은 예전의 보호막이 사라져 버린 데서 기인한 것이라 보겠습니다. 이것은 인간이 과거의 보호막 속으로 다시 후퇴하거나, 과거가 간직하고 있던 것들을 그대로 놔두는 편이 차라리 나을 뻔했다는 것을 의미하는지요? 그렇다면 이 점에서 선생님의 이론은 강한 보수성을 띠고 있다고 봐도 됩니까?

프: 오히려 그 반대죠. 과거로 되돌아가지 않습니다. 전통이 분쇄되고 소실되면서 그에 따라 전승되어 오는 가치

도 사라집니다. 왜 내가 그 가치들을 실현시켜야 하느냐고 젊은이들은 항변하지요. 무엇을 위하여? 무엇 때문에? 여기서는 의미 문제가 우선적이죠. 결국 마지막엔 이렇게 묻습니다. 그래, 다 좋고 훌륭해, 하지만 왜, 뭘 위해 그렇게 해야 하지? 무엇 때문에 그런 가치, 그런 이상들을 실현해야 하는지 도무지 알 수가 없어 — 의미 문제가 항상 우선적으로 대두되잖아요? 결국 전통적 가치나 이상이 적어도 젊은이들에게는 더 이상 구속력을 가질 수 없는 듯이 보이는 이 시대에, 어떤 의미를 발견하는 일이 그들에게는 중요한 문제이고, 이때 의미란 대개 전통적 가치와는 상반되게 마련이죠. 여기서 가치라고 하는 것은 인류 역사가 진행되어 오는 과정에서 결정화된 보편적 의미체를 뜻합니다. 일반적으로 말해서, 너희는 모름지기 도둑질하지 마라, 이런 식이죠. 하지만 도둑질하는 것이 유일하게 의미 있는 일일 수밖에 없는 그런 상황도 있는 것 아닙니까? 나는 강제수용소에서 매우 구체적인 특수 상황들을 체험했습니다. 그러한 상황 속에서의 도둑질은, 물론 전쟁이라는 상황이 명해서 그럴 수밖에 없었던 것이긴 하지만, 어쩌면 자신의 생존에 기여하는 불가결의 자구책이기도 했고, 또 좁은 기준으로 보자면 통치 권력에 해를 입힐 수 있는 방책이기도 했습니다. 그러니까 보편적 가치가 더 이상 통용될 수 없는 상황들이 있다고 봐야죠. 하지만 구체적인 의미들은 없어지지 않습니다. 그 의미를 우리는 발견해야 합니다. 얼마든지 발견할 수 있습니다. 의미를 발견해 내는 과정은 일종의 형태 지각 과정입니다. 그것은 실험적으로 입증될 수 있습니다. 주로 미국의 내 제자들이 그런 실험 작업을 했고 일본과 폴란드에도 이런 작업을 하는 제자들이 있습니다. 의미는 전승되지 않는다는 것, 이것이 내가 주장하고 싶어 하는 말입니다. 당신은 의미를 결코 전통으로부터는 획득할 수 없을 것입니다. 의미는 일회적이고 아주 특별한 것입니다. 개인마다의 특별한 과제와 구체적인 상황이 요구하는 것들이 과연 무엇인지 전통이 어떻게 알려 줄 것이며 부모인들 무슨 수로 알겠습니까? 내가 의미의 발견이 본질적으로 전통과는 무관하다고 하는 것이 바로 이런 이유에서입니다. 전통에로의 회귀는 없습니다. 노발리스가 한 말로 기억합니다만, 인류가 타고 올라온 사다리는 이제 쓰러졌습니다. 우리는 두 번 다시 그 사다리를 타고 내려가지 못합니다. 사다리는 이미 존재하지 않습니다.

이데올로기는 제3세계의 독이다

크: 예, 하지만 그것이 어떻게 가능합니까? 선생님께서 방금 말씀하신 이 테마가 얼마 전 『함부르크 차이트』*Die Hamburger ZEIT* 지의 발행인인 그리핀 된호프 여사와 연방 수상 크라이스키 사이에 행해진 대담의 주제와 유사하다는 게 꼭히 우연만은 아닌 것 같군요. 그때 된호프는 이

문제를 1980년대와 관련지어 제기했죠. 바야흐로 비이성적 문제들을 가득 안은 시대로 접어들고 있는 것은 아니냐고요. 이러한 지적은 당시 이란에서 벌어졌던 일련의 사태를 넌지시 암시하고 있습니다. 말하자면 이란 왕이 소위 '개혁'이라는 미명하에 불러일으켰던 제반 문제들이 제대로 극복되지 못한 데서 기인한 사태들이죠. 혹은 메카의 회교 성전에서 일어났던 사건들이 원인이 된 것도 있고. 이 모두가 이 나라를 강습한 물질문명의 회오리를 제대로 이겨 내지 못해서 일어난 혁명임이 분명하다고 요즈음 사람들은 꽤 정확히 알고 있습니다. 여기서 범세계적인 남북문제가 대두됩니다. 우리 서구인이 이 제3세계, 혹은 제4세계의 기아를 진정시키는 해결사 노릇을 한다면, 다시 말해서 그들에게 서구의 진보와 기술을 제공한다면, 그와 동시에 우리는 그 사람들로부터 의미를 박탈해 버리는 셈이 될까요? 그들을 거대한 집단신경증 속으로 몰아넣을 수밖에 없는 건가요? 우리는 빵을 주든지 의미를 놔두든지 둘 중 하나만을 선택해야 합니까?

프: 두 종의 연구 업적을 내가 알고 있어요. 후진국 체류 경험이 있는 미국 교수들이 발표한 것인데, 그들은 이 심연을 알 수 없는 의미 상실감이 후진국에도 팽배해 있음을 증언했습니다. 특히 대학생들 사이에요. 뿌리를 잃었기 때문이라고, 자신으로부터 낯설어져 버렸기 때문이라고 했습니다. 이런 일이 왜 일어납니까? 우리가 후진국

에 팔아먹은 것이 있다면 그것은 우리의 기술이요, 우리의 과학입니다. 슈뢰딩어나 아인슈타인을 읽어 보세요. 과학이 우리에게 목표를 설정해 주거나 의미를 가져다줄 수는 없다는 것을 알게 될 겁니다. 과학에는 근원적으로 이런 능력이 없습니다. 그리고 기술은 무엇을 했습니까? 기술 역시 우리에게 목적 자체를 제시하지는 않습니다. 단지 목적을 위한 수단만을 제공할 따름이죠. 사람들이 합리주의나 과학기술 앞에서 주춤거리는 이유가 있다면 바로 이 때문일 것입니다. 과학과 기술의 근본은 필연적으로 이성일 수밖에 없잖아요? 그래서 사람들은 왠지 꺼려지고 주춤거려지는 이성을 피해 비합리주의로 빠져들고 맙니다. 그러나 우리에게 정작 필요한 것은 이성을 피해 도망다니는 것이 아니라 이성을 넘어서는 일, 즉 초합리주의Transrationalismus라고 말씀드리고 싶습니다.

크: 선생님, 우리는 소외를 수출했습니다. 우리 사회에서는 진작부터 소외가 명백한 문젯거리로 못박혀 있지만 그 해결은 아직도 요원하기만 합니다. 선생님께서는 의미 회복을 통해서 이 범세계적인 문제를 해결하라고 권하시는데, 여기서 우리는 또다시 작은 물음에 봉착하게 됩니다. 로고테라피스트가 환자들에게 하는 작업은 무엇입니까? 아까의 질문으로 되돌아갑니다만, 의사는 환자를 위해서, 그리고 환자와 함께 환자 자신 속에 숨어 있는 의미를 **찾아내야** 합니까, 아니면 환자에게 애당초 있지도 않

던 의미를 새삼 **부여해 줘야** 합니까? 이것은 우리의 제3세계 문제와도 관련되어 있습니다. 우리는 제3세계 사람들에게 어떤 의미도 가져다줄 수 없으니까요 …

프: 그렇습니다. 의미는 그들 스스로 발견해야 합니다. 그들은 이 일을 해낼 수 있습니다. 그들이 과학기술의 수입에 곁들여 이성을 초월하는 안목까지 구비하게 된다면 말입니다. 이는 곧 과학과 기술이 전부가 아니고 전부일 수도 없다는 것을 그들에게 분명히 해 주어야 한다는 뜻이기도 합니다. 오늘날 학계 분위기 속에서 과학은 대개 환원주의적으로 포장되어 있습니다. 우리는 생물학과 심리학과 사회학만을 파는 것이 아니라 생물학주의와 심리학주의와 사회학주의도 팔고 있습니다. 대중들은 이렇게 세뇌되었습니다: 인간은 컴퓨터와 다를 바 하나도 없다, 인간은 돌연변이의 결과에 지나지 않는다, 인간은 다만 유전과 환경의 산물이며, 그가 속한 세계와 사회경제적 조건들이 빚어낸 작품일 뿐이다, 생산하고 또 생산하라, 그리하여 경제발전 이룩하라, 그러면 너희는 행복해지리라. 그래서 시키는 대로 했지만 이 선진국에서, 이 복지사회에서 우리는 더욱 불행합니다. 이것이 바로 실존적 진공상태, 의미 상실감의 사회학적 배경이죠. 현대사회가 욕구를 만족시키고 욕구를 창출해 내는 데만 진을 빼고 있기 때문입니다. 하지만 **하나의** 욕구, 인간의 가장 근원적 욕구랄 수 있을 단 하나의 욕구만은 충족되지 않은 채

로 있습니다. 사회가 전혀 고려하지 않은 채 방치해 두고 있어요. 바로 의미에의 욕구입니다. 물질의 상대적 풍요와 더불어 실존의 가난함이 우리를 에워싸고 있습니다.

먼저 행하라 — 반응만 보이려 하지 말고, 애써 진정시키려 하지도 말고

합리적으로 재고 따지고 셈할 수 있는 것만을 인정하는 오늘날의 소위 과학적 인간상 속에서, 자신을 넘어서려는 노력, 의미에의 의지는 전혀 고려되지 않고 버려져 있습니다. 틀에 안 맞기 때문이죠. 인간은 자극에 반응하는 존재이거나 충동을 진정시키려는 존재일 뿐이라는 도식에 맞아들어가지 않기 때문입니다. 그래서 환자들에게 인간은 하나의 메커니즘이고 기계라는 것을 끊임없이 주입시켜 결국에 가서는 믿을 수밖에 없도록 만드는 것입니다. 환자는 마침내 신경증에 빠지게 되고 더 이상 치유가 불가능한 지경에 이르고 맙니다. 그들도 처음에는 별것도 아닌 셈강박증Zählzwang이나 광장공포증Platzangst 따위로 병원을 찾았을 거예요. 그러나 정신치료자가 몇 년만 붙들고 증세를 교조화시켜 버리면 환자는 점점 더 자기의 자아Ego 속에 얽매이고 마는 거죠. 인간존재의 본질은 자기 초월에 있습니다. 인간이 자기 자신만을 뚫어지게 쳐다보고 있지는 않다는 것, 자신에만 집착하고 있지는 않다는 것, 비판적 질문이 필요한 위기 상황을 제외하고는 자신에 대해서 끊임없는 물음만을 던지지는 않는다는 것이죠. 인간은 충동을 진정시키는 데만 급급한 존재가 아닙니다. 인간은 자극에 수동적으로 반응만 하는 존재도 아닙니다. 인간은 세계 속에 능동적으로 뛰어들어 행위하는 존재입니다. 자기가 이루어 내야 할 과제의 세계 속으로, 자기가 사랑할 대상의 세계 속으로 뛰어들어 행위하는 존재입니다. 그러나 이 세계는 자기의 성적 충동을 가라앉히는 데만 도통한 사람들의 세계, 자신의 공격성을 어루만져 주기에 너무도 적합한 일들로 충만한 그런 세계는 아닙니다. 히틀러 치하의 레지스탕스 운동을 생각해 보세요. 만약 어떤 사람이 이들을 가리켜, 축구장이나 공격성 발산실 같은 데서 얼마든지 풀 수 있을 잠재적 공격성을 나치나 히틀러를 대상으로 해소하려 했던 얼빠진 백치들이라고 매도한다 칩시다. 이 얼마나 엄청난 오류일 것입니까! 그들은 주어진 과업에 충실하면서 세계 속에 자신을 던져 행위한 사람들입니다. 자신의 내부에 도사린 어떤 잠재적 공격성을 어떤 방식으로든 가라앉혀 보려고 그런 일을 하지는 않았습니다!

크: 자기 초월에 대해서 말씀하셨습니다. 자기 초월이라는 말을 우리는 이렇게 번역할 수 있겠죠: 자기 자신을, 자기 자신의 한계를 넘어 나옴 ….

자기 자신이 보이는 눈은 병든 눈이다

프: 크로이처 씨, 내가 말하는 자기 초월이 무엇을 의미하는지를 설명해 드릴 수 있는 너무 간단한 방법이 있습니다. 설명을 들어보시면 내가 말하는 자기 초월이 야스퍼스적 의미의 초월이나 종교적 의미의 초월과는 무관하다는 것을 알게 됩니다. 예를 들면 우리 눈이 자기 초월적입니다. 눈의 기능은 외부 세계를 시각적으로 지각하는 것입니다. 이 기능이 충족될 때는 눈이 거울을 볼 경우를 빼놓고는 자신을 볼 수 없을 때입니다. 눈이 자기 자신을 느끼고 보는 한 그 눈은 병든 눈일 수밖에 없습니다. 구름 같은 것이 보이면 백내장, 수정체 혼탁일 것이며 램프 주위에 무지개환이 보이면 녹내장, 전안방前眼房의 안압 증가일 것입니다. 정상적인 눈은 자신을 보지 못합니다. 인간존재도 이와 마찬가지라고 봅니다. 자기 자신을 돌아보지 않고 잊어버릴 때, 자기 자신을 미련 없이 버릴 때, 인간은 비로소 인간일 수 있고 온전히 자기 자신일 수 있다는 것, 어떤 일에 헌신하고 의미 충만케 하고, 어떤 과제나 타인에게 자신을 오롯이 바침으로써만 인간은 비로소 자신의 모습을 간직하게 된다는 것, 자기 초월은 바로 이런 뜻을 담고 있습니다. 그때 우리가 일깨워야 하고 촉매 역할을 하도록 돋우어 자극시켜야 할 것은 의미를 정위하는 일일 텐데, 여기에 적합한 것은 다름아닌 로고테오리(의미 이론)입니다 — 로고테라피(의미 요법)라고 하지 않는

이유는 이런 사람을 신경증환자라 볼 수 없기 때문이지요. 이것은 대단히 필요한 이론입니다. 공허한 이론이 아녜요. 뭔가에 뿌리를 박고 있어요. 내가 '전반성적·존재론적 자기 이해'präreflexive ontologische Selbstverständnis라고 이름 붙인 것이죠. 하지만 말 자체에 너무 주눅들 필요는 없습니다.

크: 일단은 말풀이가 급선무인 듯싶군요. 무슨 뜻입니까? 전前반성적·존재론적 …

프: 자기 이해라는 것은 내가 나 자신을 인간으로 파악하고 있음을 뜻하며 나아가서 인간성이라는 것이 궁극적으로 존재한다는 것에 대한 믿음을 의미합니다. 존재론적이라는 것은 자기 이해가 인간존재와 관련되어 있다는 것을 뜻합니다. 전반성적이라고 하는 것은, 내가 철학이 뭔지, 심리학이 뭔지, 그리고 정신의학이 뭔지 전혀 알지 못하는 상태에서도 삶이 어떻게 돌아가는지를 이미 알고 있다는 뜻입니다. 삶은 매 순간 내게 말을 걸어옵니다. 넌 무엇무엇을 꼭 해야 해, 넌 할 수 있어, 넌 세계를 변화시켜야 해, 넌 상황을 변화시켜야 해, 넌 너 자신과 또 다른 사람을 도와야 해, 넌 뭔가를 이루어야 해, 넌 뭣이든지 그럴듯하게 잘하지 않으면 안 돼. 의미에 대한 이런 가능성들은 매 상황에 내재되어 있습니다. 의미를 발견하는 작업은 모든 사람에게 열려 있습니다. 지능과 교육 수준에 상관없이, 성별과 연령에 관계없이, 심지어는 종교적

이냐 아니냐 하는 문제와도 무관하게, 그리고 만약 종교적이라면 종파를 초월해서 … 스무 편에 달하는 내 제자들의 논문이 수만 건의 임상 사례를 통해 실험적·통계적으로 이 사실을 입증했습니다.

크: 그러니까 '의미'에 어떤 초인간적 요소가 들어 있는 것이 아니다, 의미는 철두철미 인간적인 것이다, 이런 말씀이시군요. 그리고 한편으로는 발견되고 끄집어내져야 할 무의식적인 것이기도 하고요. 이런 점에서 그것은 또 정신분석의 한 대상으로 크게 자리하는 것이겠죠.

프: 그렇습니다. 의미는 대개 무의식적으로 지각되는 경우가 많습니다. 그래서 의미가 결핍된 곳에서만 의식화됩니다. 삶이 위기 상황에 직면할 때, 의미에의 의지가 좌절되어 '이 삶은 더 이상 아무 의미도 없어'라고 말할 수밖에 없을 때, 자기를 기다리고 있는 의미가 있는데도 전혀 눈치 채지 못할 때, 그럴 때만 의미라는 것이 의식 표면 위로 떠오르죠. 의미는 일할 때만 발견될 수 있는 것이 아닙니다. 행위나 우리가 세상에 남기는 흔적, 혹은 우리가 창조하는 작품을 통해서만 발견되는 것이 아닙니다. 체험을 통해서도, 우리가 세계와 자연과 문화를 통해 무엇인가를 우리 것으로 받아들일 때도 의미는 발견됩니다. 사물이 아니라 사람을 체험함으로써도 발견될 수 있습니다. 누군가를 각별한 의미로 체험한다는 것은 누군가를 좋아한다는 것입니다. 결국 일과 사랑을 통해 우리는 우리 자

신을 충족시키고 의미를 충만케 합니다. 또한 우리가 외적 상황 자체만큼은 도저히 변화시킬 수 없다는 것을 아는 순간, 그리하여 변화시킬 수 있는 것이 남아 있다면 오직 우리 자신, 상황을 대하는 우리 자신의 태도뿐이라는 것을 깨닫는 최후의 순간에도 의미는 충족됩니다. 우리가 내적으로 성장하고 우리 자신을 넘어서 마지막 숨을 거두는 그 순간까지 내적 성숙을 멈추지 않을 때 의미는 우리와 함께 있습니다. 이 모든 것들을 통해 우리에게는 최후까지 의미 발견의 가능성이 주어져 있습니다. '의미를 충족시키는 데 있어서 고통은 필연적인 것인가?' 하는 의문이 생길 수 있겠지요. 나는 결코 그렇지 않다고 대답합니다. 의미 충족을 위해서 고통이 반드시 따라야 한다고는 생각지 않아요. 내가 말하고 싶은 것은 오히려, 고통에도 불구하고, 어쩌면 바로 그 고통을 통해서 의미가 가능하다는 것입니다. 우리가 고통의 원인을 제거할 수만 있다면, 그렇게 하는 것이 유일하게 의미 있는 일일지도 모르죠. 그 고통의 원인이 생물학적인 것이든, 심리학적인 것이든, 아니면 정치적인 것이든 간에 말입니다. 그리하지 않는다면 모두 가학성 변태일 뿐, 고결한 행동이라고 볼 수는 없지 않겠어요? 우리가 상황을 변화시킬 수 없을 바로 그때, 우리는 우리 자신을, 우리의 태도를 변화시키라는 내면의 소리를 듣습니다. 그리고 이러한 태도 변화야말로 인간에게 주어진 특별한 능력의 증거자가 됩니다.

그 능력이란 바로 개인의 비극을 인간적 승리로 탈바꿈시킬 줄 아는 능력이지요. 삶이 끝까지 의미 충만할 수 있는 잠재력을 가지고 있다는 것은 경험을 통해서도 얼마든지 검증 가능한 사실임에 틀림없습니다.

내 친구, 토끼 하아비

크: 선생님, 로고테라피를 경험적으로 확증하는 문제에 대해 말씀하시는 동안 중요한 슬로건 하나를 제시하신 것 같습니다. 어떤 요법에 대해서, 어떤 치료 방법에 대해서 우리가 반드시 경험적 확증을 받아 내야 할 필요는 없다는 거죠. 가령 여기 용한 한의사가 있다 합시다. 이때 그의 침술이 치료에 적용되기 위해서 일일이 전통적 서양 과학의 검증을 거쳐야 할 필요는 없을 것입니다. 병만 나으면 되는 거잖아요. 그럼에도 불구하고 경험적 확증에 대한 질문은 여전히 흥미 있는 일일 것이고, 선생님 또한 이 질문을 피해 가지 않으셨습니다. 마침 희극 작품 하나가 생각나는군요. 「내 친구 하아비」라는 작품인데, 아마 선생님께서도 아실 것입니다. 오랫동안 상연되면서 참 많은 사랑을 받았던 희극이죠. 원작자는 매리 체이스, 알프레드 폴가가 독일어로 옮겼습니다. 비엔나 공연에서는 하인츠 뤼만이 주연을 맡았고, 그전에는 오스카 카알봐이스의 연기로도 소개된 적이 있었다고 기억됩니다만 … 아, 그리고 영화에선 제임스 스튜어트가 주인공 역할을 맡아

열연하기도 했죠. 아시다시피 이 작품의 주인공은 토끼 한 마리를 키우고 있었습니다. 토끼 키가 자기만 하고, 그러니까 일 미터 칠십쯤 되었겠죠 — 그는 이 토끼를 너무 사랑하고, 꼭 필요로 해서 어디든지 데리고 다녔습니다. 이 토끼가 실제로 존재하지 않음은 물론입니다. 이 작품은 단순히 정신착란증을 묘사하는 이상의 지혜를 담고 있습니다. 여기서는 그 주인공 환자가 얼마나 현명한지 그려지고 있어요. 그는 토끼가 꼭 필요했기 때문에, 있지도 않은 토끼를 자기가 속한 사회 속에 끌어들여 키울 줄 알았던 것입니다.

프: 이리하여 그는 또한 사회에 대한 자신의 우위를 증명했다고 봅니다.

크: 그렇죠. 그래서 이제 묻겠는데요, 이 지혜로운 희극에 나오는 토끼 하아비는 선생님께서 말씀하시는 '의미'라는 것과 어느 정도로 닮아 있습니까? 선생님께서 의미를 창출해 내는 것은 아니지만 환자를 위해서 발견해 내주는 것이며, 환자에게 마련해 주는 것이며, 환자가 의미를 필요로 할 때, 뭐랄까, 환자의 처방전에 써 주는 것이기도 하죠. 우리의 학문적 질문은 이것과 관련되어 있습니다: 이런 의미가 과연 있습니까? 토끼 하아비는 동물학의 어디쯤에 분류될 수 있을까요?

프: 크로이처 씨, 로고테라피의 관점에서 볼 때 — 이때 나는 테라피(치료)라는 말을 강조합니다만 — 우리에겐 이

문제를 실용주의적으로 해결할 권리가 있습니다. '공리주의적으로'라고까지는 하지 않더라도 말이죠. 말하자면 이렇습니다. 참이라고 나타나는 것은 참이라는 얘기죠. 한스 봐이힝거의 '허구'Als Ob(마치 ~ 처럼)의 철학을 로고테라피에다 적용시킬 수도 있으리라는 느낌도 들 것입니다. 잠정적이긴 하겠지만 사회자께서도 아마 그런 뜻으로 말씀하셨을 거예요. 의미가 진짜로 있는 것처럼 그렇게 행동할 일입니다.

크: 의미란 것이 어디에도 존재하지 않는다면 우리가 만들어 내기라도 해야 할 것이라는 …

프: 맞습니다. 건강해지기 위해서죠. 내 느낌과 입맛에 따라 이때는 약간의 솔직하지 못함을 첨가시킬 수도 있습니다. 그리고 또 약간의 불가능성까지도. 왜냐하면 어떤 환자가 처한 상황 속으로 내가 들어가 보려고 할 때, 그래서 그 환자에게 이렇게 말해 주고 싶을 때 — "의미는 존재합니다. 이 문제에 대해서는 더 이상 따지지 말아요. 의미란 것이 존재하는 양 그렇게 행동하세요." — 그러면 환자는 이럴 게 뻔하기 때문입니다: "건강해지려면 그렇게 해야 된다는 말씀이시지요, 그런 건가요, 선생님?" — "그럼요." — "그런데 제가 왜 건강해져야 되죠?" 최근에 내 제자가 쓴 논문 한 편을 읽었습니다. 비엔나 대학의 실험심리학 연구소에서 박사학위를 끝내고 뮌헨에서 로고테라피에 이론적 근거를 둔 대규모의 상담 센터를 운영하는

사람이죠. 이 친구가 자기 논문에서 하고 있는 말은 이렇습니다. 우울증으로부터 벗어나 보려고 행동 치료를 통해 이런저런 전략을 — 요즈음에는 테크닉이라는 말 대신 전략이란 말을 쓰더군요 — 다 써 보고 이것저것 다해 보다가 자기 상담 센터로 왔는데, 결국에는 이렇게 묻더라는 거예요. "그래요, 다 좋아요. 하지만 내가 뭣 때문에 다시 건강해져야 된단 말입니까?" — 그 환자가 진정으로, 그리고 진실하게 어떤 의미를 지향하고 있지 않다면 전체 치유 과정 자체가 함몰해 버릴 거라는 얘깁니다. 크로이처 씨, 의미에 대한 물음은 가장 원초적이면서도 동시에 가장 궁극적인 것임을 이제 아시겠지요? 그러한 한 나는 이 모든 것을 단순히 공리주의적인 것이라거나 실용주의적인 것으로만 왜곡시키고 싶지는 않은 것입니다.

갈증을 통해 물의 존재를 안다

크: 그러니까 의미가 의미를 가지기 위해서라도 의미는 존재해야 한다 …

프: 의미는 존재해야 합니다. 의미가 존재한다는 증거가 있어요. 『횡령당한 하늘』이라는 아름다운 소설이 있었지요. 나중에 영화화되기도 했는데 거기 이런 말이 나와요. "갈증은 물이 존재한다는 가장 확실한 증거다." 우리 속에 깊이 뿌리박힌 의미에의 의지가 어쩌면 그토록 우리를 온전히 사로잡을 수 있는지 물어야 되지 않을까요? 자

기가 대면하고 있는 상황 속에서 누구 할 것 없이 즉각적으로 하나의 의미, 하나의 의미체를 찾는다는 사실은 실험적으로 증명될 수 있습니다. 어떻게 이것이 가능할까요? 이 의미에의 의지를 인간 속에 깊이깊이 심어 놓은 장본인이 자연이라면, 이 자연이 그때 뭔가를 생각하지 않았을 리 없겠지요. 이것이 내가 하고 싶은 말입니다.

크: "눈이 태양 같지 않다면 태양은 결코 빛날 수 없으리." 괴테가 한 말인데 로렌츠가 곧잘 인용하곤 했죠. 말하자면 뭔가가 우리 안에 깃들어 있는 의미에 이미 상응하고 있어야 하고, 또 바깥 현실 세계의 의미에 대한 갈망과도 상응하고 있어야 한다는 겁니다. 바깥 세계는 아마 우리가 접근하기 어려운 것일지도 모르겠습니다.

프: 어떤 실재성이 상응한다, 아니 어떤 잠재성이 상응한다고 해야 될지도 모르겠군요. 왜냐하면 그것은 전통적 의미에서의 형태 지각과 내가 방금 형태 지각이라고 표현한 의미 지각과의 차이이기 때문입니다. 예, 바로 거기에 차이가 있어요. 형태 지각에 있어서는 어떤 모양이 우리 눈에 들어옵니다. 그렇게 배웠죠. '책상'이라는 배경 위에 놓인 '안경', 이런 식으로. 하지만 의미 지각에 있어서 우리 눈에 들어오는 것은 현실성이라는 배경을 가진 가능성입니다. 즉, 그것은 현실을 변화시킬 수 있는 가능성을 말합니다. '할 수 있는 뭔가를 할 것', 기회를 잡는 데서부터 시작하는 거죠, 아시겠어요?

영혼 구제냐 정신 치유냐?

크: 가능한 대답들을 쉬운 것부터 차례로 생각해 볼까요, 선생님? 제일 간단한 대답은 물론 종교에서 구할 수 있다고 봅니다. 학문적인 문제 제기를 잠시 접어 둔 채, 의미란 모름지기 과학적으로 증명될 수 없는 것이려니 해 버리면 해답은 간단히 종교 쪽에서 구해지겠죠. 이미 선생님께서도 지적하신 바 있지만, 종교와 관련해서 제가 한 번 더 묻고 싶습니다. 로고테라피가 종교적 관점들과는 어떻게 구별됩니까? 종교도 결국 같은 치유 효과를 노리는 것 아니겠습니까?

프: 종교가 어느 정도 정신치료 효과를 가지는 거야 사실이겠지만 정신치료를 목표로 삼는 것은 아니지요. 또한 정신치료 역시 종교적 목표를 세울 수도 없거니와 또 그래서도 안 됩니다. 하지만 정신치료도 경우에 따라서는 종교적인 차원으로 변화되기도 하고 심화되기도 하는데, 이런 것들은 다 뜻하지 않은 부산물일 뿐입니다. 우리는 치료받고 있는 동안에 무의식 속에 있는 종교적 뿌리나 원천으로 자꾸 귀환하는 사람들을 자주 봅니다. 치료 자체는 종교와 아무 관계가 없지요. 종교적인 문제에 대해서 토론하는 것도 아니고, 그런데도 그런 일이 종종 일어납니다. 애초부터 목표 설정이 달라요. 종교는, 뭐랄까, **영혼**을 **구제**Seelenheil하려고 합니다. 정신치료는, 로고테라피까지 포함해서, **정신**을 **치유**seelische Heilung하는 것을 목

표로 삼습니다. 그러나 의미 문제와 관련된 신경증을 치료할 때는 종교가 한몫을 차지하기도 합니다 — 우리가 80%의 공포증과 강박신경증은 무시하고, 나머지 20%의 의미 상실에서 오는 신경증만을 다룰 경우 그렇다는 얘기죠. 내가 그것을 정신성 신경증noogene Neurose이라 불렀는데, 이건 자아, 이드, 초자아 사이의 갈등에서 비롯되는 것도 아니고 열등감에서 오는 신경증도 아녜요. 이것은 의미 상실감이 유발하는 신경증입니다 — 절망이나 우울 같은 거죠. 그러니까 우리가 의미 상실이 초래하는 이 20%의 신경증을 말할 때 종교의 문제는 어떻게든 맞물려 들어오게 되어 있습니다. 일반적으로, 종교적인 사람은 그렇지 않은 사람보다 훨씬 수월하게 의미를 발견합니다. 물론 의미를 발견하는 일은 누구에게나 가능하다고 내가 앞서 확언히 말씀드렸지요. 경험적으로 검증 가능한 일이기도 하고요. 교회가 때때로 의미의 위기를 치유하기보다 오히려 그 위기를 조장하고 있다고 큉이 자기 책에서 말하고 있기는 합니다만.

크: 이런 관점에서는 종부성사라는 말을 '병자성사'라는 뜻으로 써야겠다는 생각이 드는군요. 이젠 더 새로운, '세속적인' 의미로 임종을 도울 길을 찾아야 할 것 같습니다.

프: 그뿐 아닙니다. 베를린의 쉐칭이라는 산부인과 의사는 '종교성 신경증'ecclesiogene Neurose이라는 말을 쓰곤 했습니다. 정신치료에도 조예가 깊었던 사람이죠. 썩 마음

에 드는 표현이 아니어서 나 자신은 아직 써 본 적이 없습니다만, 어쨌든 이것은 종교교육에서 오는 신경증을 뜻합니다 — 물론 독실한 사람들은 '잘못된' 종교교육이라고 말하겠지만요. 여기에 나는 이런 말을 덧붙이고 싶습니다: 만약 우리가 '종교성' 신경증이라는 말을 할 수 있다면 마찬가지로 '정신분석성 신경증'psychoanalytikogene Neurose이나 '정신치료성 신경증'psychotherapeutogene Neurose에 관해서도 말할 수 있어야 할 것이라고 …

크: 이렇게 말하면 적절할는지 모르겠군요: 종교가 도울 수 있는 곳에 로고테라피는 필요 없다, 그리고 종교는 이미 널리 그렇게 하고 있다 … 종교적인 사람은 이미 삶의 의미를 깨닫고 있는 사람이겠죠. 그런 사람이라면 의미를 발견하기 위하여 굳이 선생님을 찾지 않아도 될 것 같은데요.

프: 꼭 그렇지만은 않은 것 같습니다. 내가 쓴 책 가운데 어느 한 권에 보면 가르멜 수도회 수녀의 경우가 소개되어 있는데, 이 수녀는 심한 내인성 우울증을 앓고 있던 사람이었습니다. 이 우울증은 의미에 대한 회의에서 비롯되는 우울증은 아니었습니다. 그러나 병의 양상을 보면 삶의 의미나 자신의 가치에 대한 회의 같은 것이 발견되곤 했습니다. 결과적으로 심각한 우울증이나 자살의 위험 등이 초래되었습니다. 여기엔 가르멜 수도원의 수녀도 예외일 수 없었지요. 결국 이 수녀는 적절한 약물 치료를

통해 이런 신체적 조건에서 오는 우울증으로부터 해방될 수 있었지만, 그 수녀의 고해신부는 늘 수녀에게 말했대요, 진정한 크리스천은 우울증에 걸릴 수 없다고 말이죠. 하지만 그렇지가 않아요. 진정한 크리스천, 진실로 경건하고 종교적인 사람도 얼마든지 신경증의 제물이 될 수 있고, 심지어는 정신병의 희생자가 될 수도 있어요. 그러니까 그런 식으로 일반화시켜 말할 수는 없는 것입니다. 현실적으로 종교성이라는 게 신경증적 혹은 정신병적 질환을 막아 주는 보증수표는 아닙니다. 반대로 신경증으로부터 말끔히 해방되었다는 사실이 어떤 사람의 종교성을 보증해 주는 것은 더욱더 아니고요. 그 생각은 특정 교회 집단이 범한 오류였습니다. 성직자들은 그들을 정신분석적으로 도야하기 위해 일종의 교육분석을 시켰습니다 ― 하지만 결과적으로 그것은 교육분석Lehranalyse이 아니라 헛분석Leeranalyse이 되고 말았습니다. 90%가 수도복을 벗고 말았으니까요. 사람들은 이렇게 믿었습니다: 프로이트와 스키너의 왕국을 추구하라, 그러면 너희에게 모든 것이 주어지리라. 말하자면 이런 것이죠: 정신분석을 통해서 혹은 행동 치료를 통해서, 나아가서 개인심리학적으로 너희들의 콤플렉스로부터 벗어나라, 그러면 너희는 단연코 진정한 종교인이 되리라. 그러나 앞의 말은 뒤에 따라오는 말과 아무 관련이 없습니다.

'의미'와 '초의미'

크: 그러니까 종교는 경우에 따라서는 로고테라피를 대신할 수도 없을뿐더러 — 다른 종류의 필요한 정신치료도 마찬가지겠지만 — 심지어 신경증을 불러일으킬 수도 있다는 말씀이시군요. 신경증이 아닌 영역에 있어서는 물론 종교가 의미의 위기를 막아 줄 수도 있을 것 같습니다. 이제 질문 드립니다: 의미란 정말로 존재하는 것입니까? 우리가 종교를 다루어 봤습니다만, 과연 종교는 가능한 대답을 제공해 주더군요: 의미는 신으로부터 비롯된다는 것이 종교가 내리는 답입니다. 선생님께서는 이런 식의 설명을 필요로 하지 않으시겠지요. 오히려 그 의미를 바로 학문의 영역에서 찾고 계십니다. 또 하나의 중요한 설명 경향으로는 이런 것을 들 수 있겠지요. 선생님께서 초의미Meta-Sinn에 관해서 언급하신 걸로 제가 알고 있습니다. 초의미라고 할 때 우리는 그것을, 의미의 배후에 서서 의미에 의미를 부여하고, 의미라는 것을 설명해 줄 수 있는 그런 의미를 뜻하는 것으로 받아들여야 할 것입니다.

프: 그 문제에 대해서는 이렇게 말씀드릴 수 있겠습니다: 로고테라피가 직접적으로 관계하는 의미는 개별적인 의미입니다. 그러니까 지금 바로 여기에 존재하는 의미를 말하죠. 이때는 한 구체적인 개인이 지금 여기서 성취해야 할 과제가 문제되고 있습니다 — 그리고 정신치료자라든가 로고테라피스트의 촉매작용에 의해 그것을 깨닫게

되는 것도 중요하지요. 그 개별적인 의미를 뛰어넘는 어떤 보편적인 의미가 있습니다. 그런 보편적인 의미가 반드시 있을 것이고 또 있어야 합니다. 하나의 궁극적인 의미지요. 나는 그것을 초의미라고 부릅니다. 물론 그것은 초감각적인 것과는 전혀 관계가 없는 것입니다. 그것은 우리의 순수한 합리적 이해 능력을 뛰어넘는다는 뜻에서 초의미인 것입니다. 나는 이것을 '초합리적'이라는 개념을 빌려 시사한 바 있습니다. 자, 그러니까 보세요: **이** 의미는 과학적으로 이해될 수 있는 성질의 것이 아닙니다. 그것은 어떤 과학적 접근도 불허하고 있습니다. 여기서 다시 슈뢰딩어와 아인슈타인의 테제로 돌아가 봅시다. 그들에 따르면 의미는, 그러니까 내가 말하는 이 궁극적 의미는 과학의 차원에서는 묘사될 수 없는 것이죠. 그러나 이 테제는 의미가 존재하지 않는다고 말해 버려도 된다는 뜻을 담고 있지는 않습니다.

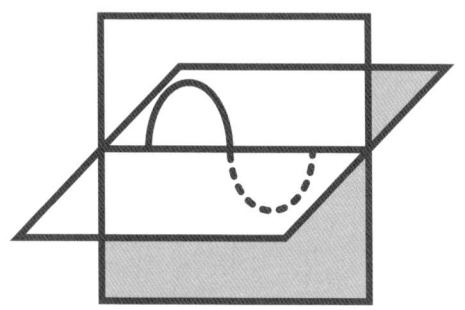

과학의 차원을 여기 보이는 이런 평면적 형태로 나타내 본다면, 예를 들어 서로서로 전혀 관련성을 가지지 않는, 그러니까 어떤 의미 충만한 연관성도 제시하지 않는 다양한 점들이 여기저기 존재한다는 것을 가정할 수 있을 것입니다. 하지만 내가 진지하게 받아들여져야 할 과학자의 자격으로, 오직 **이** 차원만이 존재한다고 말한다면 과연 누가 이를 용인하겠습니까? 여기서 이 차원이란 생물학적 차원, 서로 아무 관련을 맺고 있지 않는 돌연변이와 우연들로 점철된 진화론의 차원을 말합니다. 쟈끄 모노가 말하듯이 우연이, 우연과 필연이 전부인 그런 차원이죠. 이 평면 위에 또 다른 하나의 평면이 수직으로 서 있지 않다고 누가 내게 말할 수 있겠습니까? 자, 여기 90도 각도를 유지하고 서 있지 않습니까? 여기 이 점들이 말하자면 사인 커브Sinuskurve의 형태로 서로 연관되어 있음이 드러나고 있습니다. 생물학의 차원에서 파악될 수 있는 것은, 그림에도 나와 있듯이, 곡선이 수평면과 만나는 교차점들에 지나지 않아요. 하지만 또 다른 투사면이 존재하지 않는다고 약정할 권리를 가진 과학자는 아무도 없습니다 — 그건 과학자다운 태도가 아닐 테지요. 그러니까 중요한 건 바로 이 투사면이라고 봅니다. 생물학자들은 이 수직으로 서 있는 면을 알지 못하겠지만 그 면은 엄연히 존재할 수 있습니다. 그래서 이 다른 투사면, 그러니까 수직의 횡단면이 현실을 통해서 존재할 가능성을 우리는 항상 열어 두어야 합니다. 또한 유일하게 우리를 구제할 수 있는 이 태도를 박탈하는 일도 없어야겠지요. 궁극적인 의미가 문제될 때 이의를 제기할 수 있는 사람들이라면 오직 분자생물학자를 위시한 생물학자나 진화론자들뿐이겠죠. 물론 여기서 우리는, '비록 알지는 못할지라도 어느 정도는 감지하고 있음'의 횃불을 다른 과학에게로 넘겨주든가, 그렇지 않으면 인간 안에 깊이 뿌리박고 있는 자기 이해에로 그 횃불을 돌려주어야 합니다. 후진국 사람들도 인간의 자기 이해를 통해서 무엇이 문제인지를 배웁니다. 왜냐하면 그들도 진작부터 이와 같은 사실을 인지하고 있기 때문입니다.

실재성의 밝은 면과 어두운 면

크: 그러한 은유는 저 역시 선생님의 저작들을 통해서 잘 알고 있습니다. 이와 관련하여 여기서 주목할 만한 책 한 권이 있습니다. 『인식의 피안 — 프린스턴의 영지주의자』 *Jenseits der Erkenntnis – die Gnostiker von Princeton*, 바로 이 책입니다. 제가 이 말씀을 드리는 까닭은 미국에서도 경험과학자들 사이에 유사한 경향이 널리 퍼져 있기 때문입니다. 그들은 또 하나의 다른 은유를 가지고 세상의 '바깥 면'과 '안쪽 면'을 상정하고 있습니다 — 이러한 것들은 모두 과학적으로 서술할 수 없는 것들에 대해 은유로 표현됩니다. 가령 바깥에서 보는 구형체와 — 이는 경험과학

에 비유될 수 있겠는데 — 안에서 보는 구형체와의 차이라고나 할까요? 같은 구형체이긴 하지만 그 안에서 보는 구형체는 바깥에서 보는 그것과는 전혀 다른 것일 수 있죠. 세계는 우리의 감각이나 사유기관으로써는 결코 이해되지 않는 내면을 지니고 있다는 것이 영지주의자들의 생각입니다. 이 내면은, 옷감의 겉과 속이 다르듯이 세계의 외면과 다르다는 겁니다. 이러한 사유 방향은 선생님의 사유 방향에 수렴하는 것인지요?

프: 물론이죠. 하지만 내 생각이 뭐 그렇게 새로운 것은 아닙니다. 당신의 즉흥적인 물음에 나 역시 즉흥적으로 대답할 수밖에 없는데 — 먼저 이런 얘기를 하고 싶군요. 지난 세기 물리주의적 심리 이론을 발전시켰던 테오도르 페히너도 이미 이런 식으로 생각하고 있었던 것 같습니다. 그는 실재성의 '밝은' 면과 '어두운' 면에 대해서 말한 적이 있었는데 결국 이 양면은 같은 것이라고 봤죠. 그리고 이 생각은 그에게 매우 친숙한 것이었습니다. 과학조차도 '무엇이 실재적인 것이며 무엇이 아닌지'에 대해서 최후의 결정적인 답변을 해 줄 수 없다는 것은 중학교 수업 시간에도 벌써 드러나고 있잖아요? 이 역시 매우 중요한 사항일 수 있을 거예요. 파울 봐츨라비크가 그의 커뮤니케이션 이론을 통해 하고자 했던 얘기도 결국 이런 것들입니다. 그러니까 이렇게 보시면 됩니다. 과학자로서 우리는 겸허해졌습니다. 하지만 덧붙여 말한다면 로고테

라피스트로서 나는 점점 더 많은 것을 요구하고 있습니다. 나는 실재하는 것과 실재하지 않는 것에 대해 과학이 최후의 발언이나 궁극적인 판단을 할 수 있다고는 믿지 않습니다. 그렇지만 의미 문제처럼 인간존재의 핵심에 접근해 들어오는 문제들에 관해서, 우리는 직관적으로 이해한 것을 질병 치료의 주 노선으로 삼고, 이를 다시 과학적 기초 위에 정립한다는 사실도 간과해서는 안 됩니다. 이 때문에 경험적 탐구는 매우 중요한 의의를 지니게 되죠. 현재 로고테라피에 관한 박사학위 논문만 해도 73편이 있는데, 거의가 경험적 타당성과 검증을 제공합니다.

삶이란 묻는 것이 아니라 대답하는 것

크: 종교적으로 정초된 의미, 초의미, 이런 것들을 우리는 어떤 더 높은 차원에 대한 통찰로 이해했습니다. 이런 견지에서 루드비히 비트겐슈타인의 견해를 잠시 더듬어 보는 것도 이 자리에 어울릴 만할 것 같군요. 비트겐슈타인은 미학과 윤리학으로부터 종교에 이르기까지 모든 가치에 관한 문제들을 과학의 왕국으로부터 추방시킨 사람입니다. 그는 의미에 관련된 주제들이라면 모두가 인간이 말로 표현할 수 있는 세계에 속하지 않는다고 보았습니다. 따라서 우리는 거기에 대해서 침묵할 수밖에 없는 거죠. 의미 또한 스스로를 '드러낼' 뿐, 말로 될 수 있는 세계에 속하는 것이 아니라는 겁니다. 의미는 자아나 죽음

이나 신처럼 경험적 세계의 경계를 넘어서 있습니다. 과학이 삶의 문제를 해결해 주지 못하는 것은 이런 연유에서입니다.

프: 나는 매우 일찍부터 비엔나 서클과 관계를 맺고 있었습니다. 비엔나 서클의 일원인 에드가 칠젤은 내 대학시절의 첫 스승이기도 했죠. 거기서 나는 열다섯의 나이로 '삶의 의미'에 대해 발표하기도 했습니다. '삶의 의미가 무엇인가?' 하는 질문을 인간은 던질 자격이 없다는 얘기를 그 당시에 한 것 같은데 그 생각은 지금도 변함이 없습니다. 인간으로 하여금 그 질문과 확고히 대면케 하는 것은 바로 삶 그 자체이며 인간은 삶이 던지는 물음에 대답해야 할 입장입니다. 인간은 대답하는 자, 혹은 대답해야 할 자입니다. 대답하되 말로써가 아니라 행위로써, 그것도 책임 있는 행위를 통해 대답해야 합니다. 말하자면 인간은 질문받은 쪽에 서 있으며, 살면서 매 순간 맞닥뜨리는 상황 자체가 인간에게 던져지는 질문입니다. 인간은 일상 속에, 구체적인 일상 속에 살고 있습니다 — 하지만 전혀 반응이 없습니다. 알고야 있겠죠. '내가 지금 해야 할 일은 이거야' 하고 말입니다. 이것은 모든 이론의 피안彼岸에, 아니 차안此岸에 있는 세계라고 말하는 편이 더 좋을지도 모르겠습니다. 이 세계는 우리에게 직접적으로 관계하고 형태 지각을 할 때의 형태처럼 우리에게 육박해 들어오고 있습니다. '모든 이론의 차안에 있는 세계'란 실

제로 칸트적 의미로서뿐만 아니라 콘라드 로렌츠적 의미로서도 선험적인 것과 동일합니다. 우리의 모습을 '만드는 것'은 결국 우리가 지닌 가치다 — 아들러와 함께 일하면서 1925년에 내놓은 논문에서 나는 그렇게 썼습니다. 우리는 어차피 이런저런 가치를 가치로 간주하는 것 말고는 아무것도 할 수 없잖아요 — 이는 우리의 '인간 조건' condition humaine 속에 이미 갖추어져 있는 겁니다. 이런 걸 상상해 보세요. 당신이 어떤 환자를 대할 때 연민을 느끼고 그와 함께 아파하고 그와 같은 감정을 가지게 된다면 결국엔 그를 도와주고 싶겠지요. 당신은 의미 상실감으로부터 해방되기 위하여 그 일을 하거나 아니면 단순히 그렇게 할 수밖에 없기 때문에 그렇게 할 것입니다. 다시 말해서 당신이 바로 그 환자에 대한 연민 **자체이기** 때문이지요 — 이제 당신 자신이 바로 **타인을 도움**이라고 일컬어지는 가치로 **존재하는 것입니다.** 가치가 실존 속에 닻을 내리는 모습은 바로 이러합니다! 결국 정신치료에서도 우리는 이런 근원에까지, 이런 시원에까지 내려가지 않으면 안 될 거라고 봅니다.

크: 여기서 우리는 괴테의 『파우스트』를 떠올려야 할 것 같습니다. "태초에 말씀이 있었다"라는 성경 구절을 '태초에 의미가 있었다'를 거쳐 '태초에 행위가 있었다'까지 바꾸어 말하려는 시도는 애초부터 불필요할 거라는 생각이 드는군요. 왜냐하면 '태초에 의미가 있었다'는 말이

나 '태초에 행위가 있었다'라는 말이나 결국엔 같은 뜻일 테니까요.

프: 이렇게 말할 수도 있겠죠. '태초에 의미가 있었다, 그러나 보라, 의미가 바로 행위이니라.' 말을 통해서가 아니라 행위를 통해서, 그것도 책임지는 행위를 통해서 우리는 삶에 대답합니다.

이 세계는 허구의 세계가 아니다

크: 아까 파울 봐츨라비크에 대해서 언급하셨습니다. 역시 오스트리아인이죠. 그 사람은 의미가 객관적으로 존재하는가에 대한 가능한 답변들의 스펙트럼 속에서 또 하나의 가능성을 제시하고 있습니다. 근본적으로 그 사람의 테제는 절대적이고 궁극적이고 명쾌히 파악될 수 있는 의미를 찾는 노력을 포기하고 허구라는 복잡한 현상들로 이루어진 세계에 적당히 만족하고 살자는 데 있었습니다. 현실은 우리에게 어디까지나 커뮤니케이션이라는 사회적 현실로만 주어진다는 거겠죠. 비유적으로 말하면 이렇습니다. 우리는 지금 미망으로 가득 찬 거울방에서 살고 있지만 거울만큼은 옳게 서 있어야겠죠. 일단 우리가 서로 교통할 수 있는 환경 속에서 편안함을 느낄 수 있을 만큼 거울벽들이 가지런히 서 있기만 한다면, 우리는 그 속에서도 어느 정도 만족하고 살 거라는 얘깁니다.

프: 어떻게든 만족하고 살겠죠. 경우에 따라서는 나 자

신조차 만족할 수 있을 거라는 느낌이 드는군요. 하지만 우리의 환자들, 우리를 기다리고 우리가 무슨 말이건 해 주기를 고대하고 있는 그 사람들은 그것에 자족하지 않을 거예요. 의미를 추구할 때나 진리를 추구할 때나 인간의 마음은 의미나 진리의 실재성을 지향할 수밖에 없도록 되어 있기 때문입니다. 내가 지금 타히티로 날아가고 싶다고 가정해 봅시다. 여행을 떠나지는 못하면서 아름다운 타히티 섬의 선전 포스터나 관광 안내도 따위를 벽에 붙여 놓고 매일 아침 눈뜰 때마다 감상하는 걸로 과연 충족이 되겠습니까? 바로 여기 종래의 정신치료가 기초로 삼았던 인간상의 근본적 오류가 있는 것입니다. 인간을 라이프니츠식의 단자單子(Monad)로 파악하는 것이 그것이죠. 그것은 심리학이 아니라 단자론입니다. 여기서는 인간이 하나의 닫힌 체계이며 창도 문도 없는 단자로 간주되고 있습니다. 하지만 실제로 인간존재의 본질에 뿌리내리고 있는 것은 인간이 자기 자신을 뛰어넘을 수 있는 존재라는 점입니다. 나 자신이 아닌 어떤 것이 내 삶에 매우 중요한 문제로 대두된다는 사실 — 어떤 사물, 어떤 사람, 그러니까 어떤 일이나 나 아닌 다른 어떤 사람이 내 삶에서 매우 중요한 문제로 다가온다는 사실이죠. 바로 이 점이 잊혀지고 있습니다. 그 때문에 정신역동적 의미에서 소비사회의 결핍을 충족시킨다거나 욕망을 잠재우는 행위, 혹은 행동주의적 의미에서 자극에 반응하는 행위만으로는 내게 충분하지가 않은 겁니다. 나는 저 바깥세상에서 뭔가를 하고 싶은 거예요. 욕망을 진정시키거나 충동에 단순히 반응하는 것 말고 내 편에서 먼저 적극적으로 행동하고 싶은 겁니다. 나는 세상에서 뭔가를 변화시키고 싶어요. 어루만져 주고 욕구나 가라앉혀 주는 것 따위는 원치 않습니다. 이런 것들이 결국 마약 효과가 지닌 근본적·실존적·인식론적 오류가 아니겠습니까? 사람들은 의미를 상실했다고 느낄 때 자기 스스로 어떤 의미감을 만들어 내려고 애쓰기도 하지만 그것은 어디까지나 주관적인 느낌일 뿐입니다. 바깥에는 자신의 과제가 빤히 기다리고 있는데 사람들은 이를 그냥 지나쳐 버리고 말지요. 마치 캘리포니아에서 실험한 올즈와 밀러의 쥐처럼요. 쥐들의 뇌에 전극을 연결해서 단추를 누르면 오르가슴과 포만감을 느낄 수 있도록 장치해 두었습니다. 무슨 일이 일어났을까요? 학습의 결과, 그 쥐들은 단추 위에 뛰어올라가서 하루에 오만 번까지 식욕과 성욕을 스스로 만족시킬 수 있게 되었던 것입니다. 하지만 결국 어떻게 되었습니까? 진짜 음식물이나 짝짓기의 파트너를 제공했을 때도 녀석들은 그 진짜는 무시한 채 자위행위를 계속하고 있었던 것입니다. 그들은 단자입니다. 인공물이에요. 콘라드 로렌츠가 지적한 대로 정상적인 동물이라면 결코 그런 식의 반응은 보이지 않았을 거라는 생각이 들어요. 비뚤어진 교육을 받지 않은 정상적인 인간이라면 그 누구도 자기 앞에서 꾸미는 연극 따위에 만족하지는 않을 것입니다. 진정한 의미를 가지기를 원하겠죠. 그리고 구체적인 의미를 발견할 수도 있을 겁니다. 그가 궁극적 의미를 추구하기는 하겠지만 늘 발견하지는 못할 거라는 것, 적어도 종교적이지는 못한 사람이라서 그런 의미까지는 발견할 수 없을 거라는 건 '인간 조건'에 속하는 문제겠지요. 약간의 체념은 우리 인간의 삶 속에 언제나 깃들어 있는 법이니까요.

암벽에 박힌 고정쇠

크: 선생님, 의미 문제에 관한 해답들의 스펙트럼에 관해서 몇 말씀 더 나누어 보고 싶습니다. 콘라드 로렌츠에 대해 잠시 언급하셨는데요, 현재 리이들 교수에 의해서 구체화되고 있는 매우 자연과학적인 오스트리아 생물학파는 자연과학의 범위를 벗어나지 않는 범위 내에서, 그러니까 철두철미 과학의 한계 내에서 의미 문제에 대한 해답을 찾으려고 매우 적극적인 노력을 펼치고 있습니다. 그들은 시간, 공간 그리고 인과성과 같은 인식의 기본 범주들이 외적 실재성에 딱히 맞아떨어진다고 볼 수는 없지만 그래도 외부 세계에 뭔가 이런 범주들의 대응물이 존재해야 하지 않을까 하는 생각을 다듬고 있는 듯합니다. 이런 견해는 아인슈타인의 통찰로부터 출발하고 있습니다만 멀리는 칸트에까지 거슬러 올라갈 수도 있겠죠.

프: 로렌츠가 1940년대에 생물학적 선험이라고 말한 것처럼 …

크: 그리고 이제는 특히 인과성 쪽으로 생각이 몰리고 있습니다. 인과성을 더 복합적인 것으로 해석하는 시도라고 할까요? 그러니까 목적성도 인과성의 한 변종으로서 인과성 속에 포함된다고 보는 입장이죠. 사실 분명한 건, 바로 여기서 우리 두뇌 구조의 불완전성이 노출된다는 점입니다. 이는 어떤 원인들의 복잡다단한 결과적 네트워크가 — 이들은 부분적으로 우리에게 목적처럼 보이는데 — 외부의 '진짜' 현실성 속에서 존재하는 그 모습 그대로는 지각되지 않는 까닭입니다. 목적성까지를 포함하는 인과성을 진정으로 인식하는 것은 아마도 이 목적의 영역에서 가장 복잡한 것, 그러니까 의미 문제에 대해 어떤 답변을 내려줄 수도 있지 않을까 하는 것이 바로 이 이론이 전하는 메시지입니다. 이것이 뜻하는 바는, 인용컨대, 진화라는 의미에서 볼 때 목하 우리에게 유일하게 과학적으로 증명될 수 있는 것처럼 보이는 '밑으로부터의' 추진력은 외견상 — 우리의 감각이 볼 때 외견상이지만 — '위에서부터' 끌어당기는 합목적적인 힘에 의해서 보완된다는 것입니다. 말하자면 이렇습니다 — 마침 선생님께서는 등산가이시기도 한데 — 어떤 암벽등반가가 수직 암벽을 기어오른다고 가정할 때, 그는 발로만 밀어가면서 암벽을 타는 것은 아니잖아요. 머리 위로 하켄을 박고 자일을 끌어

당겨서 암벽을 오릅니다. 이때 머리 위에 박힌 하켄을 진화와 인간존재에 있어서의 목적인目的因으로, 합목적이고 합리적인 어떤 것으로 간주한다면, 우리는 얼마든지 명쾌한 설명을 얻어 낼 수 있을 것입니다. 우리를 끌어당겨 주는 무엇인가가 있다면 그것은 우리 스스로가 박아 놓은 하켄일 것이요, 또 우리 스스로가 끌어당기고 있는 자일일 테지요.

프: 우리는 그 하켄을 산 밑에서부터 가져왔겠지요, 그렇지 않습니까?

크: 벌써부터 인정하실 필요는 없으시겠지만 어쨌든 선생님께서 보시기에도 자신이 생각하고 계시는 그림에 꽤 수렴하는 사유 방향이 아닐는지요? 철두철미 자연과학적이기도 하거니와 …

프: 아무튼 이 사유 방향은 평행선을 그리며 달립니다. 하지만 좀 더 자세히 살필 적에 이러한 방향이 조만간 당신이 의미하는 바대로 만나게 될 것이라는 것은 나 자신도 확신할 수 있습니다. 나는 정말로 우리에게 섬광처럼 다가오는 커다란 인식이 있다는 것을 믿습니다. 이것은 과학의 진보나 진화라는 차원에서, 혹은 인지의 차원에서, 콘라드 로렌츠식으로 말하자면 어떤 새로운 것이 번개처럼 갑자기 나타나는 현상입니다. 이것을 로렌츠는 섬광적 발현Fulguration이라는 용어로 표현했죠. 물질에서 생명으로, 생명 있는 것에서 심성을 지닌 것으로, 심성을 지

닌 것에서 인간에게만 특별한 어떤 것으로, 이렇게 새로운 차원으로의 상승작용처럼 과학 안에서도 그런 양자적 비약, 즉 새것이 섬광처럼 나타나는 현상은 늘 내재하고 있는 것입니다. 왜냐하면 우리가 콘라드 로렌츠를 옳게 이해하는 한 섬광적 발현 현상의 번쩍임은 인식을 밝히는 효과도 가져와야 할 것이기 때문입니다.

크: 로렌츠를 이해하기 위해서 한 가지 비유를 들어보겠습니다. 섬광적 발현 현상은 모든 차원에서, 그러니까 자연의 진화뿐 아니라 정신의 진화라는 차원에서도, '사진'을 찍을 때의 번개 같은 노출과 유사한 관련을 맺고 있다고 봅니다. 이 '사진'은 물론 나중에야 '현상'되겠지요. 문제는 어떤 과정을 거쳐 이런 사진이 완성되느냐 하는 겁니다. 미리 뭔가가 형성되어 있어야 할 것 같아요. 깊이 내려가자면 생화학에 이르기까지 미리 결정되어 있어야겠죠. 거대 분자가 형성되는 진화의 저 밑바닥에서 물질의 자기 조직Selbstorganisation을 야기하는 원동력을 발견하려 애쓰는 연구자들도 있습니다. 만프레드 아이겐의 '과순환'Hyperzyklus 같은 것이 예가 될 수 있을지 …

프: 동형Isomorphie이라는 개념이지요. 동형론은 게슈탈트 이론Gestalttheorie에서도 한몫을 담당하고 있습니다. 형태란 실재 세계 속에 객관적 대응물을 가져야 합니다. 단순히 우리의 뇌 속에, 혹은 심성 속에 나타나는 현상이기만 해서는 안 되죠. 그것은 어떤 식으로든 주관과 객관의

심연을 잇는 가교가 될 것입니다. 이는 인식론과 철학의 강단에서 굽어보며 가르쳐질 성질의 것이 아니라 저 아래에서부터, 그러니까 생물학, 특히 진화론 내지 분자생물학으로부터 자라나오는 것이어야 될 줄 압니다.

등대를 돌아보며

크: 자, 이제 결론을 맺도록 하겠습니다. 선생님의 이론, 학설 그리고 치료 방법은 이따금씩 주위의 경험적 연구를 참조해 가면서도 온전히 독자적이고 독립적으로 발전되어 왔습니다. 그럼에도 불구하고 선생님께서는 자신의 학설을 확증해 주고 마침내는 그것과 만나게 될 경험적 연구상의 발전이 있을 수 있다는 것을 가정하고 계시는지요?

프: 그건 좀 생각해 볼 필요가 있는 문제라고 봅니다. 처음부터 공동연구에 동참하지 않은 사람이라 할지라도 유사한 결론에 도달할 수 있음을 안다는 건 다른 동료들이 생각하기에도 제법 흥미진진한 일이 될 것입니다. 이와 관련해서 나의 위대한 스승이 했던 아주 아름답고 지혜로운 말 한마디가 떠오르는군요. 내가 개인적으로 이분을 한 번도 만날 수가 없었다는 게 아쉬움으로 남긴 하지만, 그래도 모든 면에서 내게 지대한 영향을 끼쳤다고 볼 수 있죠. 바로 막스 쉘러입니다. 그가 언젠가 이런 말을 한 적이 있어요 — 등대를 보고 갈 길을 정한다. 그게 무

슨 뜻이냐 하면요, 이제 항구를 떠나 망망대해로 항해하게 될 뱃사람이 항상 뒤돌아봐 가며 등대 불빛에 따라 나아갈 방향을 정한다는 거죠. 그가 향하는 방향은 등대가 서 있는 쪽이 아닙니다. 오히려 등대의 반대 방향이지요. 하지만 그가 올바른 코스로 가고 있는지를 가르쳐 주는 것은 바로 뒤돌아보는 행위입니다. 우리는 항상 이런 식으로 조망해 보아야 합니다. 다른 사람들은 어디쯤 서 있는지, 어디에 머무르는지 그리고 어느 방향으로 가고 있는지를요. 이를 통해 우리가 대체로 올바른 항적을 따르고 있는지, 올바른 항해를 하고 있는지를 가늠하게 될 것입니다. 우리의 경우에는 옳게 의미를 따라가고 있는지를 말이죠.

크: 감사합니다, 선생님.

프랭클과의 대화 (2)*

나치에 대하여

크로이처: 선생님처럼 강제수용소를 체험하신 분께 나치와의 관계를 묻는다는 것 자체가 새삼스럽게 느껴집니다. 선생님께서는 나치와 타협할 기회를 가지려야 가질 수도 없으셨겠지요. 나치와 타협했거나 아니면 타협했어야만 했던 사람들에 대해서는 어떻게 생각하십니까? 수용소 생활만이 그 암울했던 시대를 영예롭게 이겨 낼 수 있었던 유일한 길이었을까요, 아니면 또 다른 길이 있었을까요?

프랭클: 사람은 모름지기 어떠한 경우에도 타협의 길을 찾기보다는 차라리 수용소행을 택할 줄 아는 숭고함을 지녀야 할 것이라는 주장도 있을 수 있겠지요. 그러나 현실에 적당히 영합하거나 잔꾀 부리지 않고 진정으로 자신을 희생시키는 고결함을 몸소 증명해 보인 사람만이 이런 말

---

* 독일 ZDF 방송국 대담 시리즈 '세기의 증인'에서.

을 할 권리가 있다고 봅니다. 나는 나치 압제하에서 신변의 안전이 보장된 외국 생활을 했던 사람들이 나중에 그런 식으로 말하는 것을 용납하지 않습니다.

크: 선생님께서는 수용소를 직접 체험하셨으면서도 스스로는 그런 극단적인 주장을 자제하시는 듯합니다. 수용소에서 보셨다는 그 나치 친위대원 이야기를 좀 들려주시죠. 적어도 이 사람에게서만큼은 기억에 남을 긍정적인 인상을 받으셨다는데 …

프: 맞아요, 튀르크하임 강제수용소에서 …

크: 선생님께서 수용인이 아니었던 모든 사람을 다 싸잡아 단죄하지 않으신다는 단적인 증거가 되겠지요.

프: 나는 집단에게 일률적으로 죄를 뒤집어씌우는 일을 싫어하는 편입니다. 바로 나 자신이 나치가 아니기 때문이지요. 나치란 내게 있어서 결국 현대의 사교 집단과도 같은 것입니다. 로젠베르크가 쓴 『20세기의 신화』*Mythos des zwanzigsten Jahrhunderts*를 기억하십니까? 그에게 있어서 인간이란 결국 혈통과 토지의 산물에 지나지 않았습니다. 바로 이 생각이 적어도 서구적 사고 구조 내에서 극복되기까지는 참으로 오랜 시간이 걸렸지요. '어디어디서 태어났기 때문에', '어디어디서 자랐기 때문에', 아니면 몸속에 '이런저런 피가 흐르고 있기 때문에' 사람은 필연적으로 이러저러할 수밖에 없으리라는 생각은 오늘날 더 이상 통용되지 않습니다. 말하자면, 어떤 특정한 지역에 속해

있다는 것, 어떤 특정한 국가나 민족의 구성원이라는 사실 자체가 한 인간의 모든 것을 결정하지는 않을 것이라는 얘기죠. 그러한 사실은 인간에게 어떠한 가능성을 제공할 따름입니다. 여기서 가능성이란 긍정적인 의미와 함께 부정적인 의미도 내포하고 있습니다. 예컨대 한 개인이 프로이센적 기질을 지니고 있다거나 아니면 비엔나풍의 성향을 띠고 있다는 사실로부터 실현될 수 있는 가능성의 양상은 매우 다채로울 수 있겠지요. 기저가 되는 성향 그 자체는 가치중립적일 수 있을지 몰라도 그것으로부터 개개인이 무엇을 실현시킬 것인지에 대해서는 전적으로 스스로가 책임져야 할 일이라고 봅니다. 내가 가령 프로이센 사람이라고 할 때는 병영 냄새 물씬 풍기는 군사적 뉘앙스를 띠기도 할 것이며, 또 때로는 칸트식의 도덕적 엄격주의자라는 고상한 의미에서 프로이센 사람일 수도 있을 것입니다. 나는 어설프고 나약하고 줏대 없다는 이유 때문에 간데없는 비엔나 사람이란 소리를 들을 수도 있겠지만 포근한 인정과 다른 문화에 대한 너른 이해심 때문에도 비엔나 사람답다는 말을 듣기도 할 것입니다. 비엔나가 원래 다민족국가의 대도시이다 보니 이질 문화에 대한 관용 또한 남달리 각별했나 봅니다.

크: 이런 관점에서 대단히 중요한 사안이라고 여겨지기에 다시 여쭙겠습니다. 그 튀르크하임 강제수용소의 나치 친위대원이라는 사람에 얽힌 사연은 어떤 것이었나요?

프: 이 친위대 장교는 내가 맨 마지막에 수용되어 있던 수용소의 책임자였습니다. 여기서 우리는 해방을 맞았지요. 나는 이 사람을 가까이서 유심히 관찰할 수 있었는데, 우리 모두를 정말 인간적으로 대해 주더군요. 미군들이 수용소를 해방시켰을 때 헝가리계 유태인 소년 세 명이 이 친위대 장교를 숲 속에 숨겨 놓고 미군 지휘관을 찾아가서 이렇게 말했습니다 — 만약 당신들이 이 친위대 장교의 털끝 하나라도 다치게 하는 한 우리는 그를 내놓지 않을 것입니다. 장교의 명예를 걸고 약속하시겠습니까? 그런 언질이 있은 후 세 유태인 소년은 그 나치 친위대원을 숲에서 데려왔고, 미군 지휘관은 약속대로 계속 수용소를 관리할 수 있도록 선처했을 뿐 아니라 인근 마을에서 옷가지와 식료품 등 구호품 수집하는 일을 맡아보게 했습니다.

공산주의에 대하여

크: 공산주의를 단순히 국가사회주의(나치즘)의 반대개념으로 보십니까, 아니면 나치즘과는 전혀 범주가 다른 어떤 것으로 보십니까?

프: 나치즘이 어느 정도까지 공산주의와 상이한 속성을 가지고 있는지 간단히 설명하기가 쉽지 않군요. 나 자신도 젊었을 때는 사회주의 정당의 일원이었고 사회주의 소년 노동자연맹의 직원으로 일한 적도 있지요. 또 한때 오

스트리아 사회주의 학생연맹의 지도자 노릇도 해 봤고 …

크: 그렇다면 마르크스주의의 속사정을 어느 정도 꿰뚫고 계시겠군요.

프: 꽤 정확하게 아는 편이죠. 하지만 내게 있어서 공산주의니 사회주의니 하는 것 따위는 그다지 큰 의미를 지니지 않습니다. 다만 내가 동의할 수 있는 정치와 그럴 수 없는 정치 사이에 선은 분명하게 긋고 삽니다. 어떤 정치가들은 목적이 수단을 정당화할 수 있다고 믿고 있죠. 그러나 그 어떤 신성한 목적도 타락시킬 수 있는 수단이 존재한다는 것을 명백히 인식하고 있는 정치가들도 있지 않겠어요? 개인의 가장 내밀한 양심만이 적용시킬 만한 수단인지 아닌지를 결정합니다. 이를테면 이런 이치입니다. 테러리스트들은 일종의 실존적 진공상태를 체험합니다. 즉, 삶의 의미 상실감 때문에 무작정 머리를 앞으로만 들이밀면서 탈출구를 찾으려 한다는 겁니다. 요즘음 도처에서 횡행하는 테러리즘은 이런 방식으로 설명될 수 있겠는데요, 여기서 중요한 것은, 의미를 발견할 수 있도록 도와주는 구실을 하는 양심이 '그건 아니야'라고 말하는 기능을 상실하고 말았다는 사실입니다. 양심이란 결국, 어떤 수단이 정치적 투쟁에 있어서 아무리 신성한 목적을 위한 것이라 할지라도 과연 쓰여질 수 있을지 없을지를 결정하는 최후 법정 같은 것이기 때문입니다.

크: 그래도 한 가지는 분명한 것 같습니다. 공산주의라

는 것은 그 자체로서는 휴머니즘적 성격을 띤 학설의 왜곡된 형태라는 점에서 나치즘과는 엄연한 차이가 있거든요. 공산주의가 프라하의 봄이라든가 유러코뮤니즘 같은 방식을 통해 이 인본주의적 뿌리로 복귀할 수 있다는 믿음을 가져도 될까요, 아니면 지금까지의 전개 과정으로 미루어 보아 그렇게 되지는 않으리라고 보아야 할까요?

프: 이론적으로야 가능할지도 모르지요. 듀브체크 시절에는 실제로 그것이 가능하리라는 느낌이 지배적이었거든요. 그러나 실망이 컸습니다. 정치적 소망은 설사 그것이 유토피아적인 것이라 할지라도 결코 포기되어서는 안 되는 법입니다. 우리의 행동력은 바로 그 소망으로부터 비롯되기 때문이죠. 우리는 인간에게 어떤 능력이 주어져 있는지 압니다. 우리가 소망을 이루기 위해 최선의 노력을 경주하지 않는 한 끊임없이 어려움에 봉착하게 될 것입니다.

행복에 대하여

크: 남들이 듣기에는 진부한 것 같지만 선생님께서는 의미심장하다고 느끼실 만한 질문 하나 드리겠습니다. 우리는 행복해지기 위해서 삽니까?

프: 나는 인간이 원래 행복을 추구하게 되어 있다는 견해를 단호히 거부합니다. 인간이 찾는 것은 행복의 근거입니다. 우리가 일단 행복의 근거만 확보해 놓는다면 행

복은 제 발로 우리를 찾아오게 되어 있습니다. 행복해지되 무엇 때문에 행복해질 것인가 하는 그 이유를 찾으려는 노력 대신 행복 그 자체에만 목매달고 있다면 행복은 우리로부터 멀어지고 말 것입니다. 우리 같은 정신과 의사들이 성적 강박신경증 환자들한테서 매번 체험하는 일입니다만, 환자가 자신의 성 능력을 과시하고 싶어 하면 할수록 점점 더 심각한 성불능 상태가 되고 마는 거예요. 완벽한 오르가슴을 체험할 능력이 있음을 보여 주는 데만 관심이 쏠려 있는 한, 그 환자는 결코 오르가슴을 체험하지 못할 겁니다. 키에르케고르가 말했듯이 …

크: "행복으로 향하는 문은 바깥쪽으로 열리게 되어 있어서 …"

프: 사람이 무작정 치고 들어가면 절대로 열리지 않을 거라는 얘기죠. 타고르의 시에 이런 말이 있어요. "내가 잠들어 꿈꾸고 있을 때 삶은 기쁨이었더라. 내가 잠 깨어 눈떠 보니 삶은 의무였더라. 내가 일하고 난 뒤에 — 이제는 의무가 기쁨인 줄을 알겠노라."

진보에 대하여

크: 진보란 무엇입니까? 그저 앞으로 나아가는 것을 의미합니까? 진보가, 진화에 있어서는 인간의 본능을 점차 말살시킴으로써, 그리고 역사에 있어서는 전통을 점차 상실시켜 감으로써 이 시대에 적지 않은 문제들을 불러일으

키고 있지요. 이쯤에서는 '회귀'라는 것도 있어야 할까요, 아니면 부단한 진보만이 상책일까요? 브레히트가 지적하듯, '인간에 의해서 전진하는' 진보만이 존재합니까?

프: 기술적 진보는 명백한 사실입니다. 하지만 문화에 관한 한, 맹목적이고 자동적인 진보가 가능하다는 것을 나는 믿지 않습니다. 지난 이천오백 년 동안 인간이 과연 도덕적으로도 진보해 왔느냐에 대해서도 회의적이지요. 오늘날 대중매체의 발달은 인간의 도덕성 문제를 집중적으로 대중의 관심 영역 속으로 끌어들이는 데도 성공을 거두었습니다. 물론 이 역시 대단히 중요한 일이긴 하지만 이 때문에 우리가 치러야 할 대가도 그리 만만치는 않습니다. 간혹 매스컴에서 하는 얘기들을 주의 깊게 음미해 보면 내 의구심이 어느 정도는 이해되실 거예요. 예를 들어 어느 일간지에, 우리는 자살이 급증하는 시대에 살고 있다, 디트로이트 시의 자살률은 타의 추종을 불허한다는 논조의 기사가 실렸다고 해 봅시다. 그 후 여섯 주일 동안에 갑자기 자살률이 줄어요. 그런데 다음 여섯 주일 동안에는 다시 자살률이 급증하거든요. 이 처음 여섯 주일 동안 어떤 일이 일어났을까요? 언론 파업이었습니다. 파업이 진행되는 동안에는 자살에 관해서 보도할 기회도 없었겠고 자살이라는 주제가 사람들의 관심을 끌 일도 없었겠지요. 아이러니컬하게도 이 시기에 오히려 자살이 덜 발생했던 겁니다. 대중매체의 책임성 같은 것 이해될 수

있겠지요? 대중매체가 어느 정도로 사람들을 어리석게 생각하며 또 천치로 만들고 있는지를 생각해 보세요. 마치 정신과 의사가 학습 능력이 없는 사람으로 오진해 버리는 바람에 어쩔 수 없이 바보가 되어야 했던 이 땅의 숱한 백치들처럼요. 대중들 가운데 적지 않은 수가 정신적으로 도전받기를 원하고 있습니다. 적극적인 참여를 원하고 자신이 진지하게 받아들여지기를 원해요. 그런데 매스컴에 종사하는 사람들은 대중들을 우매한 바보로 생각하고 있습니다. 그래서 깊이 생각해 가면서 봐야 할 진지한 프로그램을 곧잘 심야방송 시간대로 미루곤 하는 것입니다.

기술, 그리고 산행에 대하여

크: 우리 일상생활에서 기술은 어떤 의미를 지니고 있을까요? 지엽적인 질문입니다만 … 운전하십니까?

프: 예, 하긴 합니다만 … 차야 주중에는 거의 병원 주차장에 세워 놓고, 주말에는 케이블카 승강장까지 가는 데만 쓰고 있습니다. 나한테 차라는 것은 가능한 한 빠른 시간 내에 산에 데려다 주는 용도로서만 가치가 있으니까요. 그리고 케이블카는 나를 최대한 빨리 락스플라투 산정까지 이동시키는 역할을 맡고 있죠. 산꼭대기에 올라섰을 때가 제일 마음이 편해요. 산보도 하고 … 암벽 타기는 이제 힘겨워졌지만 가벼운 등반 정도는 아직 별 무리가 없습니다.

크: 지금보다 훨씬 나이가 드셨을 때까지도 하실 수 있겠습니까?

프: 모르지요. 아무것도 예언할 수 없지만, 그렇다고 가능성을 배제하고 싶지도 않습니다. 물론 여기서 한 가지 강조해 두고 싶은 것은 있어요. 왜냐하면 이 이야기가 주는 교훈이 있기 때문입니다. 내 언젠가 프라인의 암벽을 오르고 있었지요. 그때 팀 리더는 그루버-나츠였는데 이 사람이 먼저 정상에 올라 자일을 확보해 놓고, 올라오는 나를 향해 그러더군요. "이런 말 한다고 너무 섭섭히 생각하지 마쇼. 하지만 프랭클 교수, 내가 볼 적에 당신 이제 힘 하나도 없소. 그러나 등반 기술의 정교함으로 육체적 핸디캡을 상쇄시키는 법을 깨닫는다면 아직 당신한테 한 수 배우자는 사람이 없지는 않을 거요." 히말라야 등정에서 갓 돌아온 사람이 내게 그런 말을 했다는 걸 생각해 봐요. 내가 약간은 긍지를 느낄 만하지 않겠어요? 그리고 내가 기술이라고 할 때 무엇을 의미하는지도 이젠 아실 거고요.

노쇠에 대하여

크: 선생님께 노쇠가 주는 고통에 대해서 묻는 것 자체가 이미 어설픈 짓 같습니다. 차라리 이렇게 여쭈어 보겠습니다. 노쇠의 고통을 그렇게 감쪽같이 은폐시킬 수 있는 비결이라도 있습니까? 아니면 선생님께서는 아예 그런

것이 없습니까?

프: 나라고 힘든 점들이 왜 없겠어요. 그러나 늙어 가는 만큼 무르익어 간다고 생각하면 늙음 자체가 그리 밉지도 않습니다. 두 주 전에 마무리 지은 원고가 벌써 두 주 후에 만족스럽게 여겨지지 않을 때, 그럴 때 내가 아직 점점 더 성숙해 가고 있다고 느끼지요.

크: 어떨 때 노쇠 현상을 실감하십니까? 정신과 의사시니까 자기 관찰에는 이력이 나셨을 것 같은데 … 언제 사람들은 보통 자기가 늙었다는 걸 느낄까요? 선생님의 경우는 어떻습니까?

프: 경우마다 다르겠지요. 버스나 지하철 안에서 자리를 양보받을 때 아, 나도 이제 늙었나 보구나 하는 사람도 있을 것이고. 하지만 그런 식으로만 따진다면 요즈음 애들 자리 양보 잘 안 하니까, 그런 사람들은 늘 젊다고 느껴야 할 텐데 … 사람마다 겪는 국면이 어디 같을 수가 있겠어요? 수정체는 스무 살이면 이미 노화가 시작되지요. 뇌 속의 신경절 세포는 이미 그전부터 소멸되고 있고요. 그러니까 인간의 생물학적 노화는 생각보다 훨씬 일찍 시작된다고 봐야겠죠. 그러나 샤롯테 뷜러가 언젠가 강조했다시피 생물학적 노화가 진행될수록 연륜의 깊이가 주는 아름다움은 더욱 빛날 수 있을 것입니다.

크: 주관적으로 선생님께서는 삶의 한 장이 다른 장으로 넘어가는 그 과도기적 국면을 소위 '중년의 위기'midlifecrisis로 체험해 보셨습니까? 그랬다면 그것은 삶의 여러 단계에 있어서 하나의 극적인 모멘트였습니까, 아니면 연속성을 띤 삶의 한 부분이었습니까?

프: 오히려 후자에 가깝다고 볼 수 있죠. '중년의 위기'에 대한 체험은 우리로 하여금 적응하는 법을 알게 합니다. 적응력은 실제로 무한한 것입니다. 노화 과정에서 무엇을 체험하느냐가 사실 중요한 것이 아니지요. 그 체험을 어떤 태도로 받아들이느냐, 그 체험을 어떻게 스스로 소화해 내느냐, 어떻게 부정적인 것으로부터 긍정적인 것을 엮어 낼 수 있느냐 하는 것이 더 중요한 관건이라고 봅니다.

죽음에 대하여

크: 과학적이든 사이비 과학적이든 '중년의 위기'에 대한 토론이 활발히 일고 있죠? 이때는 무엇보다도 이 '위기'의 근원을 규정하는 작업이 이루어집니다. 처음으로 진지하게 죽음과 대면하는 체험, 처음으로 죽음을 진지하게 응시해 보는 체험이 이 위기감의 중요한 징표로 이야기되곤 합니다. 선생님께서는 이 정의가 타당하다고 보십니까? 선생님의 경우는 어떠셨는지요? 죽음에 대해서 구체적으로 생각해 보신 것은 언제부터였습니까?

프: 아마 네댓 살 때가 처음이었던 것으로 기억됩니다. 밤에 잠을 깼는데 갑자기 나도 언젠가는 죽을 거라는 생

각이 들더군요. '가이우스는 사람이다, 사람은 죽는다, 고로 가이우스는 죽는다'는 식의 추상적인 생각이 아니라, 내가 언젠가는 죽을 거라는 매우 구체적인 생각이었습니다. 그때부터 나는 끊임없이 죽음이라는 문제와 대결해 왔지요. 죽음과 대면하는 것은 아무리 일러도 이른 것이 아니고 아무리 자주 해도 지나침이 없다고 생각합니다. 만약 삶에서 가장 아름다운 것을 일궈 내고 싶다면, 우리 모두가 언젠가 한 번은 죽을 거라는 사실, 죽을 수밖에 없다는 사실, 인간존재의 덧없음에 대해서 쉼 없이 생각해야 할 것입니다. 죽음이란 것이 없다면 우리는 영원히 오래오래 살 수 있을 것이고, 그렇게 되면 모든 것을 뒤로 미루고 또 미루고 할 수 있을 테니까요. 오늘 당장 이루어져야 할 게 뭐가 있겠어요? 모든 것이 내일, 일 년 후, 백 년 후에 이루어져도 그만일 것입니다. 우리의 현존재가 시간적으로 제약되어 있다는 사실만이 시시각각 매일매일을 알뜰히 쓰게 하는 유일한 자극제가 된다고 봅니다. 우리가 이 모든 것을 깊이 새겨 볼 수만 있다면 죽음이라는 것이 그렇게 끔찍한 것만은 아니라는 통찰에 도달할 수 있겠지요. 죽음이란 삶에 의미를 부여해 줄 뿐 아니라 삶에 의미를 부여하는 행위 자체를 헛되지 않게 해 줍니다. 모든 것이 다 덧없고 헛될 뿐이라는 말은 곧 무엇을 의미하는 걸까요? 그것은 곧 우리가 행하는 모든 것을 시간과 더불어 흘러가게 함으로써만 비로소 우리 것으로 만들 수 있다는 뜻이 아닐까요? 흐름 속으로 소실되어 들어감으로써 두 번 다시는 돌이킬 수 없게 되어 버리는 것이 아니라, 오히려 다시는 잃어버리지 않아도 되도록 과거 속에다 곱게 묻어 두고 보존한다는 의미가 아닐는지요. 우리가 행하고, 이루고, 겪고, 당하는 모든 일들, 어차피 남 아닌 우리 자신이 한 것들 아닙니까? 때로는 용감하게, 또 때로는 의연하게 말이죠. 내가 이것들에게 의미를 부여할 수 있는 하나의 가능성을 발견하고 또 그 의미를 충족시킴으로써 내가 발견한 의미 가능성을 실현시킬 수 있다면 나는 이 모든 것을 과거라는 존재 양식 속에서 되찾은 셈이 될 것입니다. 흘러가 버린 것 또한 존재의 한 방식일 수 있겠지요. 아니, 가장 확고부동한 모습을 지닌 존재 양식인지도 모르겠습니다. 왜냐하면 그 누구도 그 무엇도 우리가 지나간 세월 속에다 저장해 둔 것은 **빼앗아 가지** 못할 것이기 때문입니다. 우리는 언제나 수확이 끝난 들녘의 쓸쓸함만을 볼 뿐, 지금 눈앞에서 사라진 것들이 쌓여 있는 풍성한 곳간은 보지 못합니다. 우리는 이미 오래 전에 삶에서 추수한 것들을 곳간에다 쌓아 두었잖아요? 이제 그 누구도 우리가 그곳에 저장하고 보존해 둔 것을 이 세상에서 없애지 못할 것입니다. 우리는 헤겔적 의미에서 그것들을 지양하고 보존해 놓은 것입니다.

크: 죽음을 잊게 해 주는 약이 있다면, 그것이 우리에게서 살아가는 의미를 빼앗아갈 것이라는 뜻인지요?

프: 그런 약은 우리를 무력화시킬 것입니다. 마비시키고 사지에 힘을 다 빼놓을 거예요. 어떤 일을 할 충동도 자극도 느낄 수 없도록 만들 것입니다. 우리는 매일 매시간을 무엇인가로 온전히 채워 가야 할 것이라는 책임 의식을 상실하게 될 것입니다. 지금 이 순간 우리에게 주어진 의미를 충족시켜야 한다는 책임감 같은 것을 잃게 될 거라는 얘기죠. 구약에 성자 힐렐의 경구가 있어요. 힐렐은 탈무드 학파의 두 태두 중 한 사람인데 예수의 스승이라는 말도 있더군요. 그분이 이런 말을 했다는데 아마 성경 어느 곳에 찾아보시면 있을 거예요. "내가 하지 않으면 누가 할 것인가? 지금 하지 않으면 언제 할 것인가? 오직 나 자신만을 위하여 한다면 나는 도대체 누구인가?"

사후 세계에 대하여

크: 이러한 물음 뒤에 바로 따라올 수 있을 만한 질문이 하나 생각나는데 … 선생님께서는 죽고 난 뒤에 삶이 계속될 경우에도 삶의 의미가 있을 수 있으리라는 느낌이 드십니까? 물론 그 삶이 어떤 모습으로 지속될지 지금으로서는 알 수 없겠지만 …

프: 이 경우 나는 삶의 의미라는 것을 다르게 볼 수밖에 없다고 생각합니다. 이유는 간단해요. 죽고 난 뒤에 어떤 일이 일어날 것인가, 특히 우리 개인의 삶에 어떤 일이 일어날 것인가 하는 질문 자체를 내가 정당한 것으로 여기

지 않기 때문이지요. 적어도 이런 식의 질문이 무의미하다고 보는 점에 있어서만큼은 실증주의자들이 옳아요. 이유는 간단합니다. 우리가 죽는 바로 그 순간에 시간이라는 범주 그 자체 역시 자동적으로 소멸되기 때문이죠. 죽는 순간을 기점으로 해서 '그 이전'과 '그 이후'에 대해 말하는 것에 나는 의미를 두지 않습니다. 따라서 환생이라든지 사후의 삶이라든지 하는 문제 자체가 내게는 해소되고 마는 거지요. 시간 범주도 우리와 함께 따라 죽습니다. 죽을 때 누가 시공의 범주를 무덤 속에 가지고 갑니까? 우리의 관 속에 시간과 공간이 차지할 자리는 없습니다.

크: 그렇게 우리는 영원 속으로 들어갈 따름이라 …

프: 그렇게 말할 수 있겠지요. 영원이란 무한히 연장된 시간을 말하는 것이 아니라 바로 시간과 공간의 피안에 있는 것이니까요.

신에 대하여

크: 그것으로 선생님의 신앙에 대한 질문에도 답하신 셈인가요?

프: 어떤 의미에서는 그런 셈이죠. 내가 말한 것은 신인동형주의神人同形主義에 반대하는 입장이니까요. 말하자면 나는 원시적이고 소박한 종교적 표상에 대해 비판적입니다. 평범하고 진부하게 들릴지도 모르겠지만 이 말만은 꼭 강조하고 싶어요. 종교는 사적인 일입니다. 이것은 종

교가 인간존재의 가장 내밀한 영역과 맞닿아 있음을 의미합니다. 예전엔 사람들이 가장 부끄러워했던 때가 자신의 성생활에 대한 질문을 받을 때였지요. 요즈음은 — 언제라도 증명해 보일 수 있지만 — 환자들이 자신의 가장 사적이고 내밀한 종교 생활에 대해 질문받을 때 제일 부끄러워합니다. 공개된 강의실 같은 데서라면 더욱 그렇죠. 이 변화에는 나름대로의 의미가 있습니다. 부끄러움이란 일시적으로 스쳐 지나가는 현상도 아니고 도덕주의적으로 따질 수 있는 그런 것도 아니지요. 막스 셸러나 어빈 슈트라우스가 지적한 대로 부끄러움이란 인간의 가장 내밀한 영역이 공개되는 것을 막아 주는 기능을 하고 있습니다. 우리가 수줍어 삼가고 싶은 것, 부끄러워 혼자만 간직하고 싶은 것, 이런 것들은 아무쪼록 떠벌리지 말고, 놀란 눈으로 쳐다보고 있지 말고, 어떤 일이 있어도 희생시키지 말 것이며, 또 대상화시키지도 말아야 합니다. 끊임없이 자기 자신을 넘어 나와서 다른 대상을 지향하는 데 바로 주체의 본질이 내재되어 있다는 점을 상기하십시오. 나 자신을 더 많이 초월할수록, 어떤 일에 대해서나 타인을 위해서 나 자신을 더 많이 바칠수록 비로소 내가 진정한 인간일 수 있고, 인격일 수 있고, 나 자신일 수 있고, 내 삶의 주인일 수 있다는 것을 이해하시게 될 겁니다. 남을 사랑한다는 것은 곧 나를 잊어버린다는 것입니다. 기도할 때도 나는 나 자신을 시야에서 잃게 됩니다. 이와 유사한 일이 죽을 때도 일어나지요. 사랑하는 모습, 기도하는 모습, 죽어 가는 모습, 이 세 가지는 어떤 일이 있어도 영상매체의 제물이 되어서는 안 된다는 것 ― 이것이 바로 내가 꼭 하고 싶은 말입니다. 이 세 가지야말로 우리 인간이 가장 내밀한 고독 속에서 마지막까지 확보하고 있어야 할 유보 조항이니까요. 이 비밀스런 외로움 속에서만 인간은 비로소 온전히 자기 자신일 수 있고, 세인들의 헤픈 시선에 자신을 내맡김 없이 진정한 제 모습으로 머물 수 있을 것입니다.

사랑에 대하여

크: 인격적 주체의 '상품화' ― 이것이 외설의 핵입니다. 사랑, 에로티시즘, 성 같은 영역에도 이런 생각이 적용될 수 있겠지요?

프: 심지어 포르노그라피 같은 특수한 경우에는 인간의 육체라는 대상으로부터 생식과 관련된 부위가 특별히 강조되고 다른 부분과 따로 떼어져 표현되고 있습니다. 그러나 그것은 결국 진정으로 사랑하고 싶은 마음이 일어날 수 없도록 가로막는 역할을 합니다. 사랑이라는 건, 어떤 사람의 인격 그 자체가 다른 사람의 인격 그 자체에 대해 취하는 태도를 말합니다. 사랑은 인격과 인격 사이에 성립하는 관계인데, 우리가 흔히 성이라고 말하는 것, 생식과 관련된 모든 것, 그리고 나아가 성적인 자극까지도 다

이 관계 속에 포함될 때만 비로소 참된 의미를 획득하는 것이지요. 바꾸어 말하면 이렇습니다. 육체로부터 성적인 부위를 따로 떼서 생각하거나 표현하는 행위, '예술을 위한 예술'이라는 깃발을 휘두르며 성 그 자체만을 목적으로 삼아 강조하고 과장하는 행위, 성을 쾌락 충족을 위한 수단으로만 써먹는 행위, 이 모든 것은 진정한 파트너 관계를 말살시키고 있습니다. 말하자면 인격이라는 것이 배제된 성이지요. 인간 존엄의 사각지대 … 어떤 목적을 위해 인간을 단순한 수단으로만 이용하는 것이야말로 인간으로부터 존엄성을 가장 처참히 박탈하는 행위가 아니겠습니까? 인간이 인간을 더 이상 인간으로 생각하지 않겠다는 것이지요. 칸트의 정언적 명법定言的命法(kategorischer Imperativ)이란 것도 결국 이 말의 다른 표현 방식일 뿐입니다. 인간을 결코 목적을 위한 수단으로만 써먹지 말란 얘깁니다. 이것은 결국 모든 마르크스주의 도덕의 뿌리가 되는 것이며, 모든 성 모럴의 핵심이 되어야 하는 명제라고 생각합니다. 사람들이 이를 받아들여 주기를 나는 진심으로 바랍니다. 소위 모든 터부로부터 자유로워지는 것이 진보의 첫 걸음이라고 부추겨 가면서 목하 포르노그라피라는 '거대 산업'은 대중들을 마음대로 가지고 놀고 있습니다. 그러나 이 와중에 우리는 명백히 퇴보하고 있습니다. 퇴행적 성이라는 엄밀한 정신분석학적 의미에서 볼 때 더욱 그렇게 느껴집니다.

조국에 대하여

크: 민족, 국가, 조국 — 이런 개념들은 선생님의 삶에 어떤 의미를 가지고 있을까요? 선생님께서는 얼마만큼 오스트리아 사람이고, 얼마만큼 유럽인이며, 또 얼마만큼 세계시민입니까?

프: 모름지기 어떤 소속감을 통해서 자신의 잘난 점을 내세울 목적으로 이런 카테고리들을 사용하지는 말았으면 좋겠습니다. 그건 소속감을 통해서 어떤 결함을 발견하려는 것과 마찬가지로 바람직하지 못한 것입니다.

크: '조국'이라는 말은 선생님께 어떤 의미로 다가옵니까? 아직도 의미심장한 말입니까, 아니면 역사의 흐름과 함께 케케묵은 말로 전락하고 말았습니까?

프: 내게 그다지 큰 의미는 없어요. 간단한 이유에서입니다. "나를 이해해 주는 곳, 그곳이 바로 내 조국이라"고 한 어떤 시인의 말에 공감하기 때문이죠. 내가 나의 조국 아닌 다른 나라에서 더 많이 이해되었노라고 말할 수밖에 없는 것, 솔직히 유감입니다.

크: 이때 조국은 오스트리아를 말씀하시는 것이겠지요 — 아니면 선생님 개인사를 놓고 볼 때 어느 때라도 독일어 문화권 전반이 선생님의 '조국'으로 대두된 적이 있었습니까? 이를테면 1920년대에 오스트리아가 아직 '도이취 외스터라이히'로 불리고 있을 때, 아직은 민족주의의 충격이 온 나라를 뒤덮고 있지 않았을 그 무렵 …

프: 그런 질문에 대해서는 별로 진지하게 생각해 본 바가 없습니다. 다만 즐겨 읽은 시인이 누구냐, 읽고 많은 감명을 받은 시인이 누구였더냐고 묻는다면 물론 내가 연계성을 느끼는 독일어권 시인들이었노라고 대답하겠지요. 그러나 내가 가장 열광적으로 받아들일 수밖에 없었던 삶의 방식이랄지, 아니면 문화적인 의미에서 내가 호흡하기 가장 편했던 공기가 무엇이었는지를 생각해 보면 그건 단연 오스트리아의 것이었다고 말씀드릴 수 있겠습니다. 좀 더 정확히 말하자면 비엔나의 것이었죠. 왜냐하면 이 비엔나의 '공기'를 마시며 내가 자라났으니까요.

어머니, 그리고 아버지에 대하여

크: 끝으로 개인적인 질문 하나 드리겠습니다. 부모님에 대해서. 선생님의 삶을 통해 부모님은 어떤 의미입니까? 어린 시절, 부모님과 형제들, 그리고 주위 사람들과 함께한 체험 같은 것이 있다면 …

프: 나는 엄청난 보호와 사랑 속에서 어린 시절을 보냈습니다. 그런 환경이 내게 큰 영향을 미쳤죠. 아버지보다 더 정의롭고 강직한 사람이 없다고 생각해 왔습니다. 어머니는 자애롭고 경건한 분이셨어요. 형제들과도 늘 친하게 지냈고 … 아버지는 공무원이셨는데 사회부의 국장으로 정년퇴직하셨습니다. 남모라비아 출신이셨죠. 조부께서는 가난한 제본업자였습니다. 아버지는 의과대학 재학

시절 내내 어렵게 지내셨대요. 군의관 양성 코스에서 장학금을 받지 못한 것이 결국 관직에 나가게 한 계기가 되었다더군요. 십 년쯤 국회 속기사로 계셨다가 마리아 폰 베른라이터의 개인비서를 지내셨습니다. 어머니께서는 프라하의 귀족 가문 출신이셨고요. 일차 대전이 터지자 난리통에 모든 공무원 가족이 그랬듯이 우리집도 무척 곤궁했습니다. 아이들이 농부네 집으로 빵 얻으러 다니고 가끔 밭에서 옥수수도 훔치곤 했던 기억이 나는군요. 전쟁이 끝나고 형편이 조금씩 풀리기 시작했지만 곧 인플레이션과 공황이 밀어닥쳤습니다. 그러나 경제적인 어려움을 진정한 어려움으로 생각해 본 적은 없지요. 책 사는 데 필요한 용돈은 가정교사 노릇해서 벌기도 했고 … 그래서 요즈음도 이런 생각이 들곤 합니다: 이성적인 사람에게 있어서 돈을 소유한다는 것은 단 한 가지 이유에서 의미가 있다, 더 이상 돈 생각할 필요가 없는 수준에 도달했다는 점에서 …

크: 부모님을 나치의 손에 잃으셨다는데 …

프: 부모 형제, 그리고 많은 친척이 강제수용소에서 숨졌습니다.

크: 부모님의 비극적 종말이 선생님의 삶에 던진 그림자, 그 어둠을 선생님의 학설 속에서, 작업 속에서 극복하지 않으셨는지요 …

프: 그래요, 어머니가 아우슈비츠에서 가스실의 이슬로

사라지셨다는 걸 1945년 8월에 알았어요. 그 하룬가 이틀 후에 나는 뮌헨의 어느 영화관에서 뉴스 영화를 보고 있었는데, 거기 가스실과 화장터 장면이 나오더군요. 그 영화 보고 새삼스런 충격 같은 건 받지 않은 걸로 기억하고 있습니다. 내 생애에서 알았던 가장 착한 사람, 내 어머니가 가스실에서 13분 만에 완전히 질식사했다는 사실을 나는 이미 체험해 버렸잖아요. 그런 소식 듣고 나가서 밧줄 하나 찾아들고 목매단다 해도 충분히 이해할 만한 일 아니겠어요? 그리고 그 순간에 동원할 만한 어떤 자구책 따위가 있다 한들 ― 나는 지금 애써 냉정하게 표현하려고 노력하는데 ― 가스실과 화장터가 나오는 뉴스 영화를 볼 때라면 별로 도움될 일이 아닐 것입니다. 그 어떤 것도 소용없어요. 그런 참혹한 일이 가능한 세계에 직면하면 당신은 자살로부터 당신을 보호해 줄 방책을 어떻게든 마련하지 않으면 안 될 것입니다 ― 아니면 죽어 버리거나. 그러나 그런 자구책이 주어졌을 때도 만약 그 자구책 따위가 눈에 들어오지 않을 정도라면 센티멘털한 감상 따위는 차라리 사그라들고 말겠죠.

크: 선생님의 거실에 강제수용소에서 그려진 그림이 걸려 있더군요. '유태인 대학살' 시리즈에서 볼 수 있는 것과 같은 … 선생님의 가족들이 겪어야 했던 운명을 직접적으로 묘사한 그림이겠지요.

프: 그렇습니다. 테레지엔슈타트에서, '유태인 대학살'

시리즈에서 적나라하게 보여 주고 있는 것처럼 그렇게 고문당하고 죽어 가야 했던 화가들 중 누군가가 그린 작품이죠. 당대에 꽤 알려진 브륀의 이 화가는 바로 오토 웅가 교수입니다. 개인적으로는 내 사촌이기도 하죠. 그래서 몇 차례 전시된 적도 있는 이 그림을 입수할 수 있게 된 것입니다. 이 그림은 테레지엔슈타트 성루 밖의 한 장소를 그리고 있습니다. 테레지엔슈타트가 성곽도시였잖아요. 한동안 장례식이 거행되곤 하던 그 장소가 그림 속에 묘사되어 있는데, 자세히 보면 열두어 개의 관이 뒹굴고 있습니다. 바로 그 장소, 그 관들 중 하나에서 나는 아버지의 시신을 발견했던 겁니다. 그것이 아버지와의 마지막 만남이었습니다. 아, 그리고 배경에 보이는 막사 지붕, 내가 아우슈비츠로 떠날 때 어머니와 이별한 데가 바로 그 막사였습니다. 어머니는 일주일 뒤에 아우슈비츠로 오셨고, 도착하기 무섭게 가스실로 끌려가셨죠. 그것이 당시 아우슈비츠행 마지막 열차였다는군요. 바로 그 막사, 그 막사의 지붕 밑에서 나는 어머니의 마지막 모습을 보았습니다.

정신의 저항하는 능력에 대하여*

연방 대통령 각하, 그리고 신사 숙녀 여러분, 나는 오늘 정신의 저항하는 능력에 대해서 말씀드리려고 합니다. 이것은 외적 환경이든 내적 심리 상태든, 가장 불행하고 끔찍한 인간 조건들에 항거할 줄 아는 인간의 근원적 능력을 의미합니다. 물론 인간적 가능성의 한계 내에서 말이지요. 그러니까, 나를 둘러싼 모든 처절한 조건들보다 나 자신이 더 강하다는 것을 증명해 보이는 능력, 바로 이것을 나는 정신의 저항하는 능력이라고 부릅니다. 이렇게 놓고 볼 때 나는 이 강연의 실마리를 송구스럽게도 내 개인적인 고백으로부터 풀어 나갈 수밖에 없습니다. 최근 내 정신의 저항하는 능력은 기실 제로에 가까웠다는 것을 우선 말씀드려야겠습니다. 여러분들이 보여 주신 존경과 영예를 받아들여 이 자리에서 강연하게 되는 것을 애당초 있는 힘을 다해 거절했지만 결국에는 불쌍하고 초라한 모

---

* 1980.2.24. 국제 로터리 클럽 창립 75주년 기념강연, 비엔나 요제프슈타트 극장(녹음 채록).

습으로 승복하고 말았으니까 말입니다. 이런 경우라면 차라리 정신의 허약함에 대해서 논의하는 편이 더 어울릴 거라고 여러분들은 생각하실지도 모르겠습니다. 그렇다면 왜 나는 처음에 이 강연을 사양하려 했던 것일까요? 그것은 단지 내가 적임자가 아닐 거라는 생각에서였습니다. 나와 국제 로터리 클럽을 관련지어 주는 것은 다음 두 가지 사실을 빼놓고는 아무것도 없기 때문이지요. 첫째는 우리 둘 다 1905년에 태어났다는 사실이고, 둘째는, 자료를 통해서 알게 되었습니다마는, 이 기구가 히틀러 정권 당시에는 금지된 조직이었다는 사실입니다. 그리고 나 자신 역시 어떤 의미에서는 같은 운명이었다고 말씀드릴 수 있겠습니다. 강연을 수락한 후에는 어떤 주제와 제목을 선택할 것인지 퍽 고심하였습니다. 개개의 로터리 클럽들은, 노아 시대에 그랬듯이 저마다의 짝을 골라 모은 것이 아니라, 모든 직업군에서 표본적으로 하나씩만을 골라 조직된 것인 줄로 압니다. 따라서 나는 매우 다채로운 성향을 가진 청중을 대상으로 이야기해야 할 거라는 사실도 염두에 두어야 했습니다. 이런 이유 때문에 실제로 모든 사람의 공동 관심사가 될 만한 주제를 선택해야 된다는 것은 내게 자명한 일이었고, 나 자신 어차피 한 사람의 신경학자이자 정신과 의사로서, 의당 현대의 집단신경증에 대하여 몇 말씀 드리는 것이 좋겠다는 생각이 들었던 것입니다. 비엔나 정신치료의 첫 번째 거장인 지그문트 프로이트 시대와는 달리, 현대인은 성적인 좌절감보다는 오히려 실존적 좌절감에 고통받고 있다는 사실을 나는 끊임없이 강조해 왔습니다. 이 점 여러분들도 익히 아시리라 믿습니다. 현대인을 괴롭히고 초조하게 만드는 것은 성적인 문제가 아니라 의미의 문제입니다. 제2 비엔나 학파로 알려진 알프레드 아들러의 개인심리학이 주장하는 것과도 달리, 오늘을 사는 사람들은 그렇게 열등감에 시달리는 것 같지도 않습니다. 심연을 알 수 없는 의미 상실감이 오히려 열등감을 앞지르고 있습니다. 사람들은 자기가 **무엇으로** 살아갈지에 대해서는 충분히 잘 알고 있으면서도 **무엇 때문에** 사는가 하는 물음에 대해서는 속 시원한 해답을 내리지 못합니다. 그들이 직면하고 있는 이 허무에 관해서라면 우리는 아마 이미 흘러간 허무주의를 얘기하기 쉬울 것입니다. 그러나 여러분, 이러한 허무주의 가운데 가장 심각하게 생각해야 할 것이 바로 그 허무주의에 따라다니는 숙명론입니다. 허무주의자라면 이렇게 말할 것입니다. 삶이란 어차피 아무런 의미도 없는 것이기 때문에, 내 삶을 스스로 떠맡는다거나 운명을 내 손으로 장악하는 일 따위는 불필요한 일일 뿐이라고 말입니다. 한편 숙명론자는 이렇게 말합니다. 그런 일은 단순히 불필요한 것일 뿐 아니라 전혀 가능하지조차 않다고요. 우리는 결코 자유롭지도 않은 데다가 책임을 질 수도 없고, 그저 상태나 형편, 혹은 사태의 희생물에 지나지 않기 때문이라는 거겠지요. 사실은 우리 자신이 바로 그 사태를 만들어 내는 자요, 필요하다면 우리 자신이 사태를 변화시킬 수도 있다는 것을 숙명론자들은 간과하고 또 망각하고 있습니다.

이러한 상황에 직면해서 과학은 과연 어떤 발언을 하고 있을까요? 이를테면 과학은 숙명론이나 나아가서 허무주의에 대해 반기를 들고 있을까요? 혹은 일찍이 아인슈타인이나 슈뢰딩어 같은 사람들이 갈파했듯이, 과학 그 자체만으로는 삶에 어떤 목표를 제시하거나 의미를 부여하는 일에 아주 무력할 수밖에 없는 걸까요? 만약 여러분들이 내게 개인적으로 이런 질문을 하신다면, 나는 이렇게 말씀드리고 싶습니다. 자신의 한계를 인식하지 못하고, 통속화라고까지는 말하고 싶진 않지만 어쨌든 대중화되어 버린 과학이 있다면, 적어도 그런 과학은 인간에게 어떠한 의미도 줄 수 없고 다만 그것을 뺀 나머지 부분만을 줄 수 있을 뿐이라고 말입니다. 이것은 역설적이게도 과학이 인간으로부터 뭔가를, 이를테면 인간이 그래도 아직은 지니고 있을지도 모를 의미 감정의 잔여분을 빼앗아 감으로써 가능한 일입니다. 과학이 온갖 대중매체를 다 동원해 가며 오늘을 사는 보통 사람들을 교조화시킴으로써 이런 현상들이 빚어지는 것입니다. 그러한 과학은 인간을 사회경제적·정신역동적 과정의 산물에 지나지 않는다고 가르치고 있습니다. 인간이란 그저 천성과 환경,

유전과 교육의 합작품에 불과하다는 것이지요. 인간에게 본래부터 갖추어져 있는 것, 인간을 비로소 인간답게 만드는 것은 그런 가짜 과학이 지어낸 인간상의 테두리 속에서는 찾을 길이 없고, 사이비 인간 과학의 영역으로부터는 전적으로 배제되어 있다는 사실, 바로 이 사실을 과학의 설교자들은 깨닫지 못하고 있는 것 같습니다. '천성이냐 환경이냐, 유전이냐 교육이냐' 사이의 양자택일 자체가 이미 잘못된 발상입니다. 왜냐하면 — 항상 결정적인 상황에 직면할 때마다 입증되어 온 사실이지만 — 한 인간이 어떤 인간이 되느냐 하는 것은 결국 천성에 달린 것도 아니요 환경에 달린 것도 아니며, 유전이라는 의미에서 부여받은 것에 달린 것도, 교육이라는 의미에서 허락받은 것에 달린 것도 아니기 때문입니다. 모든 것은 결국 인간 자신에게 달린 문제이며 오로지 자기 자신의 결단에 맡겨져 있습니다. 그리고 조건과 환경이 허락하는 범위 내에서 인간의 결단은 자유로운 것입니다. 말하자면 인간이 비록 생물학적·사회학적·심리학적 환경조건으로부터 완벽히 자유로운 존재일 수는 없다 하더라도, 이러한 제반 조건과 환경에 대해 자기가 어떤 태도를 취할 것인가 하는 점에 있어서만큼은 항상 자유롭습니다. 그 조건들에 굴복하고 말 것인가 아니면 그 조건들을 극복할 것인가를 결단할 자유가 인간에게는 주어져 있다는 말입니다. 상황을 극복한다는 것 — 이것은 바로 인간이 정신의 저항하는 능력을 발휘함으로써 가능한 일입니다.

아마 여러분께서는 이런 얘기가 한 신경학자이자 정신과 의사의 입에서 나오는 것을 보고 놀라실지도 모르겠습니다. 그러나 나는 지난 세기 비엔나의 위대한 정신과 의사였던 에른스트 프라이헤른 폰 포이히터스레벤의 말을 빌려 한 가지 사실을 확증시켜 드리려 합니다. 그는 이렇게 말했습니다: "의학은 유물론적 경향, 그러니까 정신을 부정하는 세계관을 조장한다는 이유로 비난받아 왔다. 그러나 이러한 비난은 정당치 못한 것이다. 왜냐하면 물질의 박약과 정신의 권능을 인식케 하는 실마리를 의사보다 **더 많이** 가진 사람은 아무도 없기 때문이다. 만약 이러한 인식에 도달하지 **못한** 의사가 있다면, 그 책임은 의사 자신에게 있지 의학이라는 과학에 있는 것이 아니다. 왜냐하면 그 의사는 아직 충분할 만큼 철저히 배우지 못했기 때문이다."

여러분, 이제 나는 이 프라이헤른 폰 포이히터스레벤의 대담한 주장을 예증할까 합니다. 여러분은 일란성 쌍생아가 거의 완벽하게 동일한 유전적 소질을 타고난다는 사실을 알고 계실 것입니다. 언젠가 독일의 정신과 의사 요하네스 랑에가 어떤 일란성 쌍생아의 경우에 대해 보고한 적이 있었는데, 이에 따르면 그 쌍둥이 형제 중 하나가 말할 수 없이 교활한 범죄자가 된 반면 다른 하나는 그에 맞먹는 절묘한 수완을 가진 수사관이 되었다는 것입니다.

유전적 소질은 동일했습니다. 하지만 삶을 결정지은 인자는 그 타고난 교묘함이 아니라 그것을 이 두 사람이 각각 어떤 다른 목적을 위해 사용했는가 하는 것이었습니다. 그리고 이 결단은 오직 그 사람들 자신으로부터만 비롯되었습니다.

또 하나의 다른 경우를 봅시다. 뮌헨의 어떤 심리상담소를 책임지고 있는 엘리자베드 S. 루카스 박사에게 어느 날 두 딸을 가진 어머니가 찾아왔습니다. 그중 하나는 원치 않은 임신에 의해 생겨난 딸이라 나자마자 할머니에게 보내졌고, 훗날 생부에 의해 성폭행까지 당했으며 급기야는 집을 뛰쳐나오고 말았답니다. 그러나 이 딸은 지극히 건강한 인격체로 성장했고, 정상적인 성생활을 영위할 수 있었으며 직업적으로도 성공할 수 있었다고 합니다. 또 다른 딸은 원해서 낳은 자식이었고 성폭행 같은 건 경험한 적도 **없었지만** 그럼에도 불구하고 심한 신경증적 증상을 나타내기 시작했습니다. 바로 그 딸아이 때문에 어머니는 루카스 박사를 찾아오게 되었던 것입니다. 루카스 박사는 다음과 같은 결론에 도달할 수밖에 없었습니다: "그것은 심리학 교과서에도 나와 있지 않은 현실이다. 정신적 외상이 오래도록 지속된다는 생각은 흔들리고 있다. 매우 심각한 충격에 시달린 적이 있는 사람도 계속 정상적인 삶을 유지할 수도 있고 긍정적인 환경 속에서 성장한 사람도 그릇된 삶의 길로 나아갈 수 있다는 것, 이것이 현실이다." 이는 루카스 박사의 말입니다. 물론 내적인 것이든 외적인 것이든 운명의 전능을 믿는 숙명론자들의 미신에는 합치되는 말은 아니지만, 적어도 캘리포니아 대학의 연구 결과와는 정확히 일치하고 있습니다. 파산한 부모와 파괴된 가정에서 자란 아이들은 커서도 심각한 곤란을 겪게 될 것이며 반대로 행복한 어린 시절을 향유할 수 있었던 아이들은 어른이 된 뒤에도 여전히 행복할 것이라는 가설로부터 이 연구는 출발했습니다. 그러나 3분의 2의 경우가 한마디로 그렇지 않더라는 결과가 나왔습니다. 이제 여러분들도 아실 것입니다. 정신의 저항하는 능력은 천성에만 미치는 것이 아닙니다. 그것은 환경과도 관계하고 있습니다. 더구나 인간이 생각할 수 있는 가장 끔찍한 환경 속에서도 발휘될 수 있습니다.

캘리포니아의 US 인터내셔널 대학에서 만난 세 학생을 증인으로 내세워도 괜찮겠지요. 우연하게도 동시에 나의 세미나에 등록했던 이 학생들은 월남에서 오랜 전쟁포로 생활을 겪은 후 살아 돌아온 장교들이었습니다. 길게는 7년 동안을, 그리고 그 세월의 대부분을 독방에서 보냈다고 합니다. 이들은 내 세미나에서, 인간은 가장 참담한 조건에도 저항할 능력이 있고 자기가 처한 조건에 대해 어떤 태도를 취할 것인가 하는 물음 속에 이미 자유로운 태도 정립의 가능성이 내재되어 있음을 증언할 수 있었습니다. 인간에게는 이렇게든 저렇게든 자신의 태도를 정립할 자유가 있습니다. 하지만 이런 의미로 인간을 풀어놓을 때조차 인간에게 책임을 부과하지 않고는 그렇게 할 수가 없습니다. 인간은 자신의 행위에 대해서뿐 아니라 자신의 무위에 대해서도 책임을 져야 합니다. 이렇게 표현해서 어떨지 모르겠습니다만, 인간에게는 **책임을 질 능력**이 있거니와, 우리는 이 책임을 간단히 요술 부리듯 슬쩍 감춰 버려서는 아니 되겠습니다. 그것은 말하자면, 인간의 존엄성을 훼손하는 일이 될 것입니다.

여기서 일리노이 교도소의 87084번 죄수가 내게 보낸 편지 중에서 어느 한 구절을 인용하고 싶습니다. 거기에는 이렇게 씌어 있었습니다: "사회학자들이라는 사람들이 계속 지금처럼 나간다면, 어떤 식으로든지 우리를 이해시킬 가능성은 사실상 더 이상 존재하지 않습니다. 왜냐하면 그들이 우리에게 내미는 카드는 오로지 **변명의 분류목록**에 지나지 않아서, 우리는 그중 하나를 고르기만 하면 되기 때문입니다. '모든 책임은 사회에 있다'가 아니면 대부분의 경우처럼 모든 책임을 희생자에게 전가시켜 버리는 것, 이것이 그 분류 목록의 전부입니다."

여러분, 샌프란시스코 근처에 세인트 퀀튼이라는 이름의 또 다른 교도소가 있습니다. 지난 몇 년 동안 나는 그 교도소의 책임자로부터 수감자들을 대상으로 하는 강연 청탁을 몇 번이나 받은 적이 있었습니다. 아마 수감자들에게 좋은 얘기 좀 들려주십사는 뜻이었겠지요. 그곳은 요즈음도 가스실이 사라지지 않은 매우 악명 높은 교도소였습니다. 캘리포니아 대학의 어떤 교수가 그때 나와 동행했는데, 그는 강연이 끝난 후 수감자들과 인터뷰를 할 작정이었습니다. 그가 강연에 대해서 어떻게 생각했느냐고 물었을 때 — 그러니까 그 당시에 매달 샌프란시스코의 심리학자들과 정신과 의사들이 그들을 방문하곤 했던가 봅니다 — 수감자들은 이런 대답을 했답니다: "이봐요, 그들은 모두 우리를 이렇게 설득시키려고 했어요. 우리의 과거와 유년 시절이 모든 잘못의 원인이고, 지금까지 그랬듯이 우리는 그 과거를 맷돌처럼 목에 매단 채 언제까지나 질질 끌고 다닐 거라고요. 그래서 보통 우리 중 그 누구도 그따위 강연을 듣고 싶어 하는 사람은 없었지요. 프랭클의 강연을 들으러 갔던 건 단지 그 자신도 한때 수용소에 갇혔던 몸이었다는 소문을 들었기 때문이에요. 하지만 그 사람은 다른 사람들과는 전혀 판이한 얘기를 하더군요. 그러니까 우리 모두가 어떤 형태로든 자신의 운명을 스스로 떠맡을 수 있고 그리하여 각자가 전혀 다른 사람이 될 수 있다고 그랬어요." 내가 실제로 그들에게 들려준 말을 이제 비엔나 사투리를 약간 섞어서 여러분들에게 전할까 합니다. 내가 그때 한 말은 대충 이런 것이었습니다: "여러분, 여러분은 인간입니다. 나와 다를 바 없는 인간입니다. 그리고 인간으로서 여러분은 자유롭습니다. 또한 인간으로서 여러분은 책임을 부여받고 있습니다. 여러분은 그동안 어리석음과 비열함과 흉포한 범죄를 도모할 수 있는 **자유를 누려 왔습니다.** 하지만 **지금 이 순간,** 여러분은 자기 자신을 넘어 성장하고 또 여러분의 죄지은 상태를 털고 나와야 할 **책임을 지고 있습니다.**" 여러분, 보십시오, 이 말이 그들 가슴에 가 닿고 그들이 이 말을 온전히 받아들였다는 증거들이 있습니다. 범죄를 저지른 한 인간을 어떤 정황의 희생물로 삼는 행위, 그런 행위는 휴머니티와 전혀 무관한 것이며 오히려 우리가 한 인간에게 가할 수 있는 가장 잔인한 모독일 것입니다. 그것은 인간의 존엄을 해치는 일입니다. 왜냐하면 우리가 그를 수리해야 할 기계와 다름없이 취급해 버리는 까닭입니다. **수리를 기다리고 있는 기계**, 그러나 인간은 그런 기계가 아닙니다. 그와 반대로 우리가 인간을 한 인간으로서 진지하게 받아들일 때, 그리고 우리가 그를 자유롭고 책임 있는 존재로 인정할 때, 그럴 때만 우리는 한 인간의 자유와 책임성에다 호소할 수 있고, 또 그럴 때만 우리는 그에게 자신의 운명을 진정으로 '떠맡아서' 스스로를 변화시키고 개선할 수 있는 기회를 제공할 수 있는 것입니다. 인간이 **한 번 이러이러한 모습이었으면 결코 다른 모습이 될 수 없다**, 인간이라는 존재는 절대로 이렇게 생기지 않았습니다. 인간으로 있다는 것은 **항상 다른 모습이 될 수 있다**는 것을 의미합니다. 이러한 자기형성 능력, 자기**개조** 능력, 자신을 넘어 나올 수 있는 능력, 이것을 나는 그 누구로부터도 박탈하고 싶지 않으며, 동시에 방해하고 싶지도 않습니다.

한때는 나 자신도 이러한 능력을 '박탈'해 버리는 도덕적 패배주의의 과오를 범한 적이 있다는 것을 아시는지요. 내 삶에서 만난 사람 중 가장 악마 같았던 녀석은 바로 내 가까운 동료 의사였습니다. 훗날 사람들은 그를 '슈타인호프(비엔나에 있는 큰 정신병원 — 옮긴이)의 살인마'라고 불렀죠. 히틀러 치하에서 그는 정신병자들을 안락사시키는 일에 누구보다 열성적이었습니다. 전후에 남미로 이주했다는 소리가 들렸었는데, 그로부터 몇 년 뒤 전직 오스트리아 외교관 한 사람이 내 진료 시간에 찾아왔더군요. 한번은 우연한 기회에, "박사님, 저어, 혹시 아무개 박사를 아시는지요?" 하고 묻는 것이었습니다. 알고 보니 그 두 사람은 저 유명한 모스크바 류비앙카 감옥에서 한방 생활을 한 사이였답니다. 그리고 얼마 못 가서 내 동료 의사는 방광암에 걸려 그만 옥사하고 말았다는 얘기였습니다. 나는 궁금해서 물어보았지요: "도대체 그는 어떤 사람이었습니까?" — 그때 그 외교관은 이렇게 대답했습니다: "사람이 상상할 수 있는 한에서 가장 훌륭한 친구였죠. 그가 우리를 도울 수 있을 때는 반드시 도왔습니다. 그리고 도울 수 없는 형편일 때는 최소한 위로의 말이라도 해 주었습니다. 한마디로 성자였다고 말씀드리고 싶어요." 그 외교관이 전해 준 말이었습니다.

여러분, 이래도 어떤 사람으로부터 '다른 사람이 될' 능력을 감히 박탈하시겠습니까? 『로고테라피의 실제』라는 책이 최근 미국에서 발간되었습니다. 서른 명의 학자들이 쓴 책이죠. 그중 한 학자는 열여덟 명의 청소년 범죄자를 대상으로 한 실험 결과를 보고하고 있습니다. 그들은 유년 시절의 암울했던 체험 때문에, 정도의 차이는 있겠지만, 어차피 삶의 대부분을 감방 속에서 보낼 수밖에 없을 거라는 것이 심리학자들의 일반적인 예측이었죠. 또 지능 검사 결과는 그들 중 어느 누구도 취학이나 교육에 합당한 사람이 없음을 보여 주었습니다. 그러나 이 열여덟 명의 청소년 범죄자들 중 감방을 지킨 사람은 단 한 명밖에 없었습니다. 나머지 사람들은 자신의 과제나 책임과 대면했습니다. 한마디로 그들은 삶의 도전을 받아들였습니다. 특히 자신의 감방 동료였던 사람들을 숙명론으로부터 단호히 해방시키는 과제와 대결했습니다. 그래서 결과는 이러했습니다: 열여덟 명의 실험 대상자들 중에서 열일곱 명이 삶에서 뭔가를 일구어 냈습니다. 그중 실질적으로 거의 문맹이었던 어떤 사람은 박사학위를 받고 오늘날 매사추세츠 어느 대학의 교수로 재직 중입니다. 또 다른 한 사람은 워싱턴에서 교육부의 과장으로 근무하고 있습니다. 정신의 저항하는 능력은 그러니까 인간 자신에 관계되는 덕목입니다.

그러나 신경증 환자들은 이런 것에 대해서 전혀 알려고

도, 들으려고도 하지 않습니다. 그들은 자신의 행위에 대한 합리화가 필요하고, 또 그 때문에 신경증 환자가 자기의 성격적 특징에 관해서 말해야 하는 순간에는 언제나 자신에 대한 변명을 늘어놓게 됩니다. 내가 '슈타인호프'의 젊은 의사로서 한 여자 환자를 어떻게 치료해야 했는지를 지금도 기억합니다. 그 환자는 나를 보자 대뜸 이렇게 시작했습니다: "박사님, 제게서 아무것도 기대하지 마세요, 아시겠죠? 저는 전형적인 외동딸이고 알프레드 아들러가 설정한 외동딸의 모든 전형적인 성격상의 특징들을 다 갖추고 있으니까요." 여러분, 이런 류의 사람들은 인간이 자기 자신보다도 강할 수 있다는 것, 혹은 적어도 호기심에 충만해 있다는 것을 잊고 있습니다. 네스트로이식으로 표현하면 이렇게 되지요: "이제 난 정말 알고 싶어, 나와 또 다른 나 중에서 누가 더 강한지." 아무것도 할 수 있는 건 없는데 모든 걸 해야 할 형편이라고 하소연해 올 때 내가 그들에게 곧잘 들려주곤 하던 또 하나의 다른 표현은 이런 겁니다: "정말로 당신은 스스로를 그토록 못살게 굴어야만 직성이 풀리시겠습니까?"

'슈타인호프'에 또 다른 여자 환자가 있었습니다. "당신은 의지가 약하다고 스스로 느끼시는지요?"라는 나의 질문에 대해 그 환자는 이렇게 대답했습니다. 그리고 이것이 얼마나 현명한 대답인지 자기 자신도 알지 못했습니다: "선생님, 내가 원하면 내 의지는 약해져요. 하지만 내가 원치 않을 때 의지가 약해지는 법은 없어요."

정신의 저항하는 능력이 정신병에까지 영향력을 발휘할 수 있는지는 의문입니다. 물론 사람이 정신병에 대해서까지 책임을 질 수는 없는 노릇이지요 — 원해서 정신병에 걸리는 사람은 없으니까요. 하지만 거기에도 자유가 자리할 여백은 남아 있습니다. 나는 추적망상을 지닌 어떤 편집증 환자를 알고 있는데 이 사람은 망상 속의 원수를 살해해 버렸습니다. 내가 알고 있는 다른 편집증 환자는 자신의 가상 적을 용서했습니다. 우울증으로 인해 자살해 버린 우울증 환자가 있는가 하면 우울증에도 불구하고 자살 충동을 극복해 낼 수 있었던 우울증 환자도 있습니다. 그러나 이 모든 것이 어떻게 가능할까요? 이런 일이 가능한 것은 언제 어떤 조건하에서입니까?

여러분, '무랑루즈'란 영화를 기억하십니까? 그 영화에서 툴루즈 로트렉이 자살하려고 하는 장면도 기억하십니까? 이미 석탄 가스가 쉬잇 소리를 내며 새어 나오고 그는 이젤 위에 세워진 그림을 물끄러미 응시하고 있다가 문득 그림의 한 부분이 잘못되었다는 것을 발견하게 됩니다. 그리고 갑자기 벌떡 일어나서 다시 붓을 들고 비틀거리며 그림을 마음에 들도록 완성시킨 다음 가스관을 잠그지요. 내가 무슨 얘기를 하려는 걸까요? 우울증, 자살 충동을 그는 오로지 자기에게 주어진 과제에 헌신함으로써만 극복할 수 있었던 겁니다. "사람은 항상 자기 앞에 어떤 과제를 가지고 있을 때만 삶을 지탱해 나갈 수 있는 가능성을 발견한다." 신경외과 의사 하아비 커슁의 말입니다.

처음으로 되돌아가겠습니다. 오늘날 이토록 널리 만연하고 있는 의미 상실감이 우리에게 얼마만한 영향력을 미치고 있는지 이제 이해하셨으리라 믿습니다. 삶의 의미를 깨닫지 못하는 사람은 불행하기만 한 것이 아니라 살아갈 능력도 없습니다. 이것은 내가 하는 말이 아닙니다. 알버트 아인슈타인의 말을 그대로 옮긴 것입니다. 반대로 가장 쓰라린 조건과 상태에 놓인 사람조차도 삶의 의미를 발견할 수 있으며 이를 통해 더욱 행복해질 수 있으리라는 것 역시 이해하시게 될 것입니다. 여기서 두 가지 경우만 간단히 언급하고 넘어갈까 합니다. 나의 미국인 제자 한 사람이 서른한 살 된 남자를 돌보게 되었습니다. 그런데 그는 고압 감전 사고로 사지를 절단하는 수술을 받아야 했던 사람이었습니다. 내 제자가 전하기를, 이 남자는 같은 병동에 있던 어느 젊은 전신마비 환자를 돌보게 되었고 이때부터 그의 삶은 호전되기 시작했다는 것입니다. 이제 일 년이 지난 뒤에 정상적인 생활을 영위할 수 있게 된 그 남자는 내 제자에게 한 통의 편지를 보냈는데 내용인즉 이러했습니다: "사고를 당하기 전 나의 내면은 공허했습니다. 나는 끊임없이 술을 마셨고 죽도록 권태로웠습니다. 요즈음에야 비로소 나는 진짜 행복이 뭔지를 알 것 같습니다." 그는 자신의 과제를 발견했던 것입니다.

알버트 슈바이처가 언젠가 이런 말을 했습니다. 자기가 만난 사람들 중 진정으로 행복했던 사람들은 어떤 일에 헌신하는 사람들뿐이었다고 말입니다. 그리고 앨라배마의 스타아크 교수가 내게 보낸 편지 한 구절을 여기 소개합니다: "내 환자 가운데 총상으로 전신마비가 된 스물두 살의 여자가 있습니다. 그가 할 수 있는 일은 단 한 가지뿐입니다. 이빨 사이에 나무 막대기를 끼우고 타자를 치는 일이 그것입니다. 자, 이제 그는 무엇을 할까요? 그는 자신의 삶을 무척이나 의미 충만한 것으로 생각합니다. 텔레비전을 보기도 하고 신문을 읽어 주면 듣고 있다가 누군가 모진 운명에 직면하고 있다는 소식에 접할 때마다 위로와 격려의 편지 글을 씁니다. 이빨 사이에 끼운 나무 막대기로 타자를 두드려 편지를 씁니다 …"

여러분, 나는 내 정신의 무력함, 저항하는 능력이 결여된 내 정신의 무기력함을 고백하는 것으로 이 강연을 시작하였습니다. 그러나 나는 지금 그 고백을 부분적으로 취소해야 할 것 같습니다. 이는 정신의 저항하는 능력이 우리가 세계와 자기 자신으로부터 일정한 거리를 유지할 수 있다는 것을 전제하고 있고, 또 자기 자신과 거리를 둘 줄 안다는 것은 다시 세계와 자신을 객관화시켜 생각할 수 있는 능력을 전제하고 있다는 것을 보여 드리기 위해서입니다. 이를 입증하기 위해서라면 나는 자신의 개인적인 체험을 들먹일 수밖에 없습니다.

아십니까, 1945년에 나는 남바이에른에서 강제수용인의 대열에 끼여 토목공사 현장으로 향하고 있었습니다. 매섭게 추운 겨울 아침이었지요. 기아부종으로 발이 붓고 동상으로 얼어 터져 신발조차 제대로 신을 수가 없었습니다. 해진 신발에 발을 걸친 채 우리는 수용소를 나와 눈 쌓이고 얼어붙은 동토를 여명 속에 걸었습니다. 억지로라도 우리는, 작업에서 돌아오는 저녁과 따뜻한 수프와 과연 오늘은 내 수프 속에 운 좋게도 두 쪽의 감자가 떠다닐 수 있을까를 생각해야 했습니다. 그 상황은 내게 가망도 희망도 없어 보였고 견디기도 힘들었습니다. 그때 나는 이 끔찍한 상황에서 도피할 하나의 방책을 생각해 냈습니다. 이 1945년의 상황 속에서 내 머릿속에는 이런 그림이 그려지고 있었습니다: 내가 강단에 서서 강연을 하고 있다, 강연의 제목은 '어느 심리학자의 강제수용소 체험기' 쯤으로 붙여 보면 어떨까, 크고 아름다운 강연장의 환한 조명 아래, 따뜻한 난방시설이 완비된 그곳에서, 관심 있게 경청하는 청중들을 앞에 두고 … 그리고 나는 또 강연을 통해 지금 이 순간 이 현실 속에서 겪어야 하는 모든 일들에 관해 말하는 모습을 상상해 보기도 했습니다. 나는 이런 식으로 상황을 객관화시킴으로써, 내가 지금 겪지 않으면 안 될 모든 일들을 객관적이고 과학적인 관점에서 고찰함으로써 상황을 초극하고 상황으로부터 거리를 두려고 애써 보았습니다. 다시 말하면 나는 정신의 저항하는 능력을 발휘했던 것입니다.

여러분, 믿으셔도 좋습니다. 현실 속에서 이런 체험들에 관해서 강연하는 것이 내 삶 언젠가에 허락될 수 있으리라는 것, 게다가 세계에서 가장 아름다운 홀 중 하나인 바로 이곳에서 — 이렇게 명망 있는 청중 앞에서 강연할 수 있으리라는 것을 긍정할 수 있는 여건은 그 당시에 하나도 주어지지 않았습니다. 모든 것이 이를 부인했습니다. 감사합니다.

로고테라피란 무엇인가?[1]

로고테라피가 무엇인지를 설명하기 전에, 무엇이 로고테라피가 **아닌지**에 대해 언급하는 것이 좋을 것 같다: **로고테라피는 만병통치가 아니다.** 임의의 경우에 있어서 '선택의 방법'을 결정할 때는 다음과 같은 두 개의 미지수를 가진 방정식이 성립한다:

$$\psi = x + y$$

여기서 x는 환자의 일회적이고 유일한 인격을 의미하고 y는 치료자의 일회적이고 유일한 인격을 의미한다. 환언하면: **어떠한 방법도 모든 경우에 동일한 성과를 가져올 수 있으리라고는 기대할 수 없고, 그 어떤 치료자도 동일한 효과를 가진 모든 방법을 다 사용할 수는 없다.** 또한 정신치료에 보편적으로 타당한 것은 로고테라피의 경우에도 역시 타당하다. 한마디로, 우리는 위의 방정식을 다음과

---

[1] 이 글은 Viktor E. Frankl, *Die Psychotheraphie in der Praxis*, 4. Auflage, Franz Deuticke, Wien 1982의 '서문'을 요약한 것인데, Serie Pieper 475, München 1986으로도 출간되어 있다.

같이 수식화함으로써 보완할 수 있을 것이다:

$$\psi = x + y = \lambda$$

폴 존슨은 언젠가 이런 과감한 주장을 했다: "로고테라피는 다른 치료법에 대립되는 경쟁적 치료법이 아니다. 그러나 그것이 지닌 플러스 요인으로 인해 로고테라피는 다른 치료법에 도전적인 치료법이 될 것이다."[2] 페트릴로비취가 로고테라피는 다른 모든 정신치료와 달리, 신경증의 차원에 머물지 않고 그것을 뛰어넘어 인간에게만 나타나는 특수한 현상에까지 육박해 들어갈 것이라고 말했을 때 그는 무엇이 이 플러스 요인을 결정할 것인지를 우리에게 일러 주었다.[3] 예를 들면 실제로 **정신분석**은 신경증을 정신역동적 과정의 결과로 보기 때문에 새로운 정신역동적 과정을 발동시킴으로써 이를 치료하려고 한다. 가령 전이Übertragung 같은 것이 이에 해당될 수 있겠다. 한편 학습이론을 가지고 치료에 임하는 **행동 치료**는 신경증을 학습 과정 혹은 '조건화 과정'conditioning processes의 산물로 보기 때문에 일종의 재학습 내지 '재조건화 과정'reconditioning processes을 마련함으로써 신경증을 치유하려고 노력한다. 이에 반해 로고테라피는 인간적인 차원에까지 관여함으로써, 인간에게만 고유한 현상을 총체적인 치료 수단에

---

[2] Paul E. Johnson, "The Challenge of Logotherapy", *Journal of Religion and Health* 7, 122, 1968.

[3] N. Petrilowitsch, "Über die Stellung der Logotherapie in der klinischen Psychotherapie", *Die medizinische Welt* 2790, 1964.

받아들일 태세를 갖추고 있다. 여기서 중요하게 대두되는 문제는 인간존재의 다음과 같은 두 가지 근본적이고 인간학적인 특징이다. 첫째는 인간의 **자기 초월성**Selbsttranszendenz이며[4], 둘째는 **인간이 자신과 거리를 두는 능력**Fähigkeit zur Selbstdistanzierung인데, 이는 인간존재를 가장 인간다운 모습으로 그려 내고 있다.[5]

자기 초월성은 인간존재가 언제나 자기 아닌 어떤 것에로 — 어떤 사태, 혹은 사물이나 어떤 사람에게로, 말하자면 충족되어야 할 의미나 자기가 만나는 어떤 사람에게로 — 향해져 있다는 근본적·인간학적 사실을 표명하고 있다. 어떤 과제에 자신을 전폭적으로 내맡길 때, 즉 어떤 일에 몰두하거나 어떤 다른 사람을 사랑하여 자신의 존재는 무시하고 망각해 버릴 때, 오직 이럴 때만 인간은 진실로 인간일 수 있으며 온전히 자기 자신일 수 있다.

인간에 대해서 가지는 이미지 속에 이러한 자기 초월성을 포함시키지 않는 한, 우리는 오늘날 팽배해 있는 집단 신경증 현상을 결코 이해할 수 없다. 크게 보아 현대인은 더 이상 성적 좌절에는 절망하지 않는다. 그들은 실존적 좌절감 때문에 더욱 절망한다. 오늘을 사는 사람들은 열등감 때문이 아니라 오히려 **의미 상실감** 때문에 괴로워하

---

[4] Viktor E. Frankl, *Handbuch der Neurosenlehre und Psychotherapie*, Urban und Schwarzenberg, München 1959.

[5] Viktor E. Frankl, *Der unbedingte Mensch*, Franz Deuticke, Wien 1949, 88.

고 있다.⁶ 그뿐 아니라 이러한 의미 상실감은 통상 **공허감**이라든가 일종의 '**실존적 진공**'existentielles Vakuum 상태를 수반하기도 한다.⁷ 삶이 더 이상 의미가 없다는 느낌이 만연하고 있다는 것은 입증될 수 있는 사실이다. 크라토크빌, 뷔메탈, 콜러 등은 의미 상실감이 자본주의 국가에만 국한되는 현상이 아니라 공산주의 국가에서조차 감지될 수 있는 현상임을 지적했다. 그리고 이러한 현상이 후진국에서도 관찰된다는 것을 보고한 공은 클리츠키⁸와 조세프 필브릭⁹에게 돌려야겠다.

그렇다면 무엇이 실존적 진공상태를 야기시켰을까? 아래의 설명이 이 질문에 대한 답변을 제시한다. 무엇을 해야 할지를 인간에게 말해 주는 것은 본능이나 충동이 아니다. 이 점에서 인간은 동물과 다르다. 그리고 오늘날의 인간에게 무엇을 해야 마땅할지 가르쳐 주는 것은 전통이 아니다. 이것이 옛날과 다른 점이다. 무엇을 해야 할지도 모르고, 무엇을 해야 좋을지도 모르니 자기가 애초에 무

---

⁶ Viktor E. Frankl, "The Feeling of Meaninglessness", *The American Journal of Psychoanalysis* 32, 85, 1972.

⁷ Viktor E. Frankl, *Pathologie des Zeitgeistes*, Franz Deuticke, Wien 1955.

⁸ L.L. Klitzke, "Students in Emerging Africa – Logotherapy in Tanzania", *American Journal of Humanistic Psychology* 9, 105, 1969.

⁹ Joseph L. Philbrick, *A Cross-Cultural Study of Frankl's Theory of Meaning-in-Life.*

엇을 하고 싶어 하는지도 알 까닭이 없다. 그래서 결과가 어땠는가? **다른 사람들이 다 하는 것만을 하고 싶어 할 따름이다.** 이것이 **추종주의**Konformismus다. 아니면 반대로 **다른 사람들이 자신에게 바라는 일만을 할 따름이다.** 이 것은 **전체주의**Totalitarismus다.[10]

실존적 진공상태가 야기하는 현상은 여기에 그치지 않는다. 또 하나의 후유증은 일종의 특수한 신경과민증Neurotizismus으로서 이른바 '**정신성 신경증**'noogene Neurose[11]이라고 하는 것인데, 이는 병인론적으로 따지면 의미 상실감, 즉 삶의 의미에 대한 회의에서 비롯되는 신경증이라 볼 수 있다.[12▶]

---

[10] 실존적 진공상태의 病因論(Ätiologie)에 관해서는 정신과 의사인 Wolfgang G. Jilek과 Louise Jilek-Aall(University of British Columbia, Vancouver, Canada)이 제1차 세계 로고테라피 학술대회(San Diego, 1980.11.6~11.8)에서 주목할 만한 내용을 발표했다: "의미 없어 보이는 삶 속에서 자살만이 유일하게 의미 있는 행동이라고 여기는 북아메리카 인디언 청소년의 숫자가 증가하고 있다. 지난 4년간 자살한 캐나다 인디언의 수는 배로 늘어났다(Department of National Health and Welfare 1979). 온타리오에 있는 한 인디언 보호구역 내의 자살률은 예년의 통계에 비해 여덟 배에 달했다(Ward and Fox, 1976). 우리가 밝혀낸 갈등의 원인은 정신분석 이론이 제공하는 精神·性的(psychosexual) 콤플렉스와는 몹시 거리가 먼 것이었다. 우리는 1차 세계대전 이전 유럽 중상류층 환자들의 자유연상을 통해서 얻어진 정신역동 이론이 제한적으로만 타당하다고 여겼다." 이들이 연구한 인디언들의 자살에 원인을 제공한 것은 분명 — 연구자들 스스로가 밝히고 있듯이 — 전통의 붕괴 현상이었다: "대부분의 전통적 토속 문화가 와해되었다."

[11] Viktor E. Frankl, "Über Psychotherapie", *Wiener Zeitschrift für Nervenheilkunde* 3, 461, 1951.

하지만 이러한 회의 자체가 병적인 것이라고 말해서는 안 된다. 자기 존재의 의미에 대해서 묻는 일, 일단 의미라는 것 자체를 문제 삼는 일은 신경증적 질환이라기보다는 차라리 인간적인 행위일 터이다. 최소한 그것은 정신적 성숙을 나타내는 일일 수 있다. 의미는 그저 전통으로부터 비판도 질문도 없이, 말하자면 반추 없이 전수되는 것이 아니라 독자적으로 발견되기를 원한다. **실존적 좌절**에 의학적인 모델을 적용시키려는 시도는 따라서 애당초 불가능한 것이다. 실존적 좌절을 굳이 신경증으로 봐야겠다면, 그것은 일종의 **사회성 신경증**soziogene Neurose이라 부를 수밖에 없다. 그것은 전통의 상실이라는 사회학적 요인에서 비롯된다. 그리고 실존적인 측면에서 현대인을 대단히 불안하게 만든다.

실존적 좌절감을 속에 감추고 있는 외적 현상들도 있다. 여기서는 최근 대학생들 사이에 만연하는 몇 가지 사례에 관해서만 언급하자. 자살, 마약중독, 확산되는 알코올중독과 날로 증가하는 (청소년) 범죄가 바로 그것이다.

---

[12] 이 문제와 관련해서 이미 10편 정도의 학술논문이 나와 있는데, 이 논문들은 공히 신경증의 약 20% 정도가 정신성 신경증이라는 결론에 도달하고 있다. 연구에 참가한 Frank M. Buckley, Eric Klinger, Gerald Kovacic, Dietrich Langen, Elisabeth S. Lukas, Eva Niebauer-Kozdera, Kazimierz Popielski, Hans Joachim Prill, Nina Toll, Ruth Volhard, T. A. Werner 등에게 감사드린다(Eric Klinger, *Meaning and Void*, Minneapolis, University of Minnesota Press, 1977 참조).

오늘날 실존적 좌절감이 얼마만큼 이런 것들과 밀접하게 관련되어 있는지를 증명하기란 어려운 일이 아니다. 제임스 C. 크럼보가 개발한 필 테스트PIL-Test[13]를 측정 도구로 활용할 수도 있겠는데, 이것은 실존적 좌절감의 정도를 수량화하는 데 도움을 줄 것이다. 엘리자베드 S. 루카스는 최근 자신의 로고 테스트Logo-Test를 가지고 정밀하고 경험적인 로고테라피 연구에 괄목할 만한 기여를 했다.[14]

---

[13] 구입처: Psychometric Affiliates, 1620 East Main Street, Murfreesboro, Tennessee 37130, USA.

[14] Elisabeth S. Lukas, "Zur Validierung der Logotherapie", in: Viktor E. Frankl, *Der Wille zum Sinn*, Hans Huber, Bern 1982.
현재 통용되는 로고테라피 테스트는 10종 정도다. James C. Crumbaugh와 Leonard T. Maholick의 PIL("purpose in life")-Test("Eine experimentelle Untersuchung im Bereich der Existenzanalyse. Ein psychometrischer Ansatz zu Viktor E. Frankls Konzept der 'noogenen Neurose'", in: Nikolaus Petrilowitsch 편, *Die Sinnfrage in der Psychotherapie*, Wissenschaftliche Buchgesellschaft, Darmstadt 1972)를 위시해서 역시 James C. Crumbaugh의 SONG("seeking of noetic goals")-Test와 MILE("meaning in life evaluation")-Test("Seeking of Noetic Goals Test", *Journal of Clinical Psychology* 33, July 1977, No.3, 900-7), Bernard Dansart의 Attitudinal Values Scale-Test(*Development of a Scale to Measure Attitudinal Values as Defined by Victor Frankl*, Dissertation, Northern Illinois University, 1974), R.R. Huztell과 Ruth Hablas의 Life Purpose Questionnaire-Test(California의 San Diego에서 열린 제1차 세계 로고테라피 학술대회 발표 논문), Elisabeth S. Lukas의 Logo-Test(Deuticke, Wien 1986), Walter Böckmann의 S.E.E.(Sinneinschätzung und -erwartung)-Test(*Sinn-orientierte Leistungsmotivation und Mitarbeiterführung. Ein Beitrag der Humanistischen Psychologie, insbesondere der Logotherapie nach Viktor E. Frankl, zum Sinn-Problem der Arbeit*, Enke, Stuttgart 1980), 이외에도 현재 Gerald Kovacic, Bruno Giorgi 그리고 Patricia L. Starck 등에 의해서 작업이 진행되는 세 종류의 테스트를 들 수 있다.

우선 자살에 관해서 살펴보자. 자살을 시도한 적이 있는 60명의 아이다호 주립대학생을 대상으로 면밀히 조사한 결과 이 중 85%가 '삶은 아무런 의미가 없는 것'으로 나타났다. 의미 상실감에 시달리고 있던 이들 학생 중 93%는 매우 양호한 육체적 건강 상태를 유지하고 있었고 활발한 사회 활동과 뛰어난 학업성적을 견지하였으며, 조화로운 가정생활을 영위하고 있었다고 한다.[15]

마약중독은 어떤가? 박사과정생 베티 루우 패들포드[16]는 마약중독의 원인이 결코 정신분석학 쪽에서 책임을 묻곤 하는 '약한 아버지상'에 있는 것이 아니라는 것을 통계적으로 입증할 수 있었다. 그녀가 테스트한 416명의 학생들로부터 얻어 낸 것은 실존적 좌절감의 정도가 '약물의존 지수'drug involvement index와 현저한 상관관계를 맺고 있다는 사실이었다. 실존적 좌절감을 느끼지 않는 경우의 '약물의존 지수'가 평균 4.25였던 반면, 실존적 좌절감을 느낀 경우는 평균 8.90, 그러니까 두 배 이상에 달한 셈이다. 이 연구 결과는 글렌 D. 쉰과 프레디 페크트맨이 검증한 결과와 일치한다.[17]

---

[15] Vann A. Smith와의 대화에서.

[16] Betty Lou Padelford, Dissertation, United States International University, 1973.

[17] Glenn D. Shean/Freddie Fechtman, "Purpose in Life Scores of Student Marihuana Users", *Journal of Clinical Psychology* 27, 112, 1971.

실존적 좌절감을 병의 원인으로 보고, 로고테라피의 도움으로 이 문제를 해결하려는 재활 요법은 분명히 효과를 나타낼 수 있을 것이다. 『메디칼 트리뷴』*Medical Tribune* 지 3권 19호(1971)에 의하면 18개월에 걸친 치료 기간을 통해 완전히 마약으로부터 해방된 사람은 36명의 마약중독자 가운데 단 두 명뿐이었다고 한다. 이는 전체의 겨우 5.5%에 해당하는 숫자다. 서독에서 '의학적 치료를 받은 전체 청소년 마약중독자들 중 10%에도 못 미치는 숫자만이 치유될 수 있었다'.[18] 미국에서는 대략 11% 정도였다. 그러나 앨빈 R. 프레이저는 자신이 관장하는 캘리포니아의 마약중독 재활 센터Narcotic Addict Rehabilitation Center에서 로고테라피를 적용한 결과 40%의 완치 효과를 기대할 수 있었다.

알코올중독의 경우도 마찬가지다. 치료가 힘든 만성 알코올중독자의 90% 정도가 매우 심각한 의미 상실감에 고통받고 있는 것으로 드러났다.[19] 제임스 C. 크럼보가 알코올중독자들을 대상으로 한 집단 로고테라피의 성과를 테스트에 근거해서 객관화하고 이를 다른 치료 방법의 성과와 비교하면서 다음과 같이 단언할 수 있었던 것은 전혀 놀랄 일이 아니다: "로고테라피만이 통계적으로 괄목할

---

[18] *Österreichische Ärztezeitung*, 1973.

[19] Annemarie von Forstmeyer, *The Will to Meaning as a Prerequisite for Self-Actualization*, Dissertation, California Western University, 1968.

만한 호전 양상을 보여 주었다."[20]

범죄와 삶의 의미가 반비례한다는 것을 밝힌 사람은 뉴질랜드의 한 대학에 있는 블랙과 그레그슨이다. 크럼보의 '삶의 의미'Lebenssinn 테스트로 측정한 결과, 누범자들은 보통 사람과 비교하여 86대 115의 차이를 나타냈다.[21]

이로써 우리는 로고테라피를 이용한 치료의 가능성을 발견한 셈이다. 로고테라피는 그 자체가 이미 의미 발견 절차를 개입시킴으로써 의미 상실감의 극복을 꾀하고 있다. 실제로 루이스 S. 바아버는 자신의 전과자 재활 센터를 '로고테라피적 환경'으로 꾸민 결과, 테스트에 근거한 의미 충족 체험 지수를 6개월 만에 86.13에서 103.46으로 증가시킬 수 있었다. 미국 내 평균 재범률이 40%에 달한 데 비해 바아버의 전과자 재활 센터는 재범률을 17% 선에 묶었다.[22]

지금까지 실존적 좌절감이 표출되는 다양한 양상들에 관해 살펴보았다. 이제 이런 질문을 던져 보자: 인간존재의 본질적 모습이란 도대체 어떤 것일까 — 연구 대상이

---

[20] James C. Crumbaugh, "Changes in Frankl's Existential Vacuum as a Measure of Therapeutic Outcome", *Newsletter for Research in Psychology* 14, 35, 1972.

[21] W.A.M. Black/R.A.M. Gregson, "Purpose in Life and Neuroticism in New Zealand Prisoners", *Br. J. soc. cli. Psychol.* 12, 50, 1973.

[22] Reuven R. Bulka/Joseph B. Fabry/William S. Sahakian 편, *Logotherapy in Action*, Aronson, New York 1979.

된 60명의 아이다호 주립대학생들이 심리적·물리적 혹은 사회경제적 이유도 없이 자살을 기도할 수 있었다면 이를 가능케 했던 존재론적 조건은 과연 무엇이었을까? 이 질문을 한마디로 줄이면 이렇다: 인간존재라는 것이 도대체 어떻게 생겼길래 실존적 좌절이란 것이 가능하단 말인가? 칸트의 말로 바꾸어 보자: 우리는 '실존적 좌절의 가능 조건'에 대해서 묻고 있다 — 그리고 인간은 의미 없이는 도대체 아무것도 할 수 없게 생긴 존재라고 생각하면 틀림이 없다. 한마디로 우리는 한 인간의 동기를 이해할 때에만 그의 좌절도 이해할 수 있게 될 것이다. 인간의 원초적 동기를 발견해 내는 일이 중요한 문제로 대두될 때, 도처에 산재한 의미 상실감은 우리에게 어떤 가늠자 역할을 해 줄지도 모르겠다 — 그리고 이 원초적 동기야말로 인간이 궁극적으로 무엇을 원하는지를 보여 주는 것이다.

로고테라피는 근본적으로 인간을 움직이는 것이 바로 '의미에의 의지'[23]라는 것을 가르쳐 준다. 로고테라피의 동기 이론은 그 타당성을 경험적으로 검증받기 이전부터 이미 다음과 같은 설명을 통해서 조작적으로 정의될 수 있다: 인간이 의미 상실감이나 공허감에 사로잡힐 때마다 인간의 내면에서 허물어져 내리고 마는 그 무엇을 우리는

---

[23] Viktor E. Frankl, *Der unbedingte Mensch*, Franz Deuticke, Wien 1949.

간단히 의미에의 의지라고 한다.

제임스 크럼보와 레너드 매홀릭,[24] 그리고 엘리자베드 루카스[25] 등은 수많은 피실험자들을 통해서 '의미에의 의지' 이론을 경험적으로 정초하고자 노력했다. 최근에는 동기 이론의 정당성을 도출해 낼 수 있는 통계가 더 많이 알려져 있다.

실존적 좌절, 즉 의미에의 의지가 허물어져 내리는 사태, 그리고 정신성 신경증에 우리가 어떤 식으로 대처해 나갈 수 있을까를 생각해 보자. 의미란 주어지는 것이 아니다. 적어도 치료자가 의미를 제공할 수는 없다. 의미는 발견되어야 한다. 그때그때 자기 자신만이 의미를 발견해 낼 수 있다. 그러니 의미의 처방전을 써 줄 사람이 달리 있는 것이 아니다. 하지만 우리가 할 수 있는 것이 있다. 그것은 인간이 의미를 추구할 때마다 내면에서 일어나는 일을 기술하는 것이다.[26] 말하자면 의미의 발견은 막스 베르트하이머와 쿠르트 레빈이 말하는 형태 지각Gestaltwahrnehmung의 양상을 띠는 셈이다 — 이들은 특정한 상황 속에 내재하는 '요구하는 특성'에 대해서 언급한 바 있다. 의

---

[24] James C. Crumbaugh/Leonard T. Maholick "Eine experimentelle Untersuchung im Bereich der Existenzanalyse. Ein psychometrischer Ansatz zu Viktor E. Frankls Konzept der 'noogenen Neurose'", in: Nikolaus Petrilowitsch 편, *Die Sinnfrage in der Psychotherapie*, Wissenschaftliche Buchgesellschaft, Darmstadt 1972.

[25] Elisabeth S. Lukas, *Logotherapie als Persönlichkeitstheorie*, Dissertation, Wien 1971.

미 형태에 있어서 문제가 되는 것은 '배경'Hintergrund을 뒤로 하고 우리 눈에 들어오는 '형상'Figur이 아니다. 의미를 발견할 때 우리에게 지각되는 것은 현실을 배경으로 한 어떤 가능성, 즉 현실을 이렇게든 저렇게든 변화시킬 수 있는 가능성이다.

단순소박한 사람이라면 — 대학생이건 긴 의자에 앉아 정신치료를 받는 환자건, 그러니까 오랜 동안의 교조화에 노출된 적이 없는 사람이라면 — 어떤 식으로 의미를 발견할 수 있을지, 어떤 식으로 자신의 삶을 의미로 충만하게 가꿀 수 있을지를 이미 알고 있다. 말하자면 이것은 어떤 행위를 함으로써나 어떤 작품을 완성함으로써 가능해진다 — 이를테면 창조적으로 말이다. 물론 어떤 다른 체험을 통해서도 가능하다. 우리가 무언가를 체험함으로써, 즉 어떤 사물이나 사람에 대해 각별한 체험을 할 때도 의미는 발견될 수 있다. 그리고 누군가를 완전한 일회성과 유일성 속에서 체험할 때 우리는 비로소 그를 사랑한다고 말할 수 있다. 그렇다, 삶이란 무조건 의미 충만한 것으로

---

[26] "인간의 삶이라고 하는 것, 이것은 궁극적으로 무엇이던가? 정신치료학회 때마다 끊임없이 들리는 질문이다. 누가 누구에게 무엇을 말해 줄 수 있단 말인가? 스스로 제 삶의 해답을 찾은 것처럼 보이는 사람들의 삶을 연구하는 것만이 우리가 할 수 있는 일의 전부일 따름이다. 이들의 삶에 대한 연구가 인본주의 심리학자에게 있어 근본적으로 중요한 방법일 것이라고 나는 믿는다" (Charlotte Bühler, "Basic Theoretical Concepts of Humanistic Psychology", *American Psychologist* 26, 378, April 1971).

나타나며 어떠한 조건과 정황 속에서도 의미 있는 모습으로 있다 — 삶은 의미를 간직하고 있다! 왜냐하면 인간은 천하의 범부라 할지라도 **전반성적·존재론적 자기 이해** präreflektive ontologische Selbstverständnis에 힘입어, 감히 변화시키지 못할 사실 앞에 직면했을 때조차 이 상황을 장악함으로써 자기가 인간임을 증명할 수 있고 인간에게 어떤 능력이 있는지를 증언할 수 있기 때문이다 — 인간의 전반성적·존재론적 자기 이해로부터 총체적인 가치론이 추출된다. 이때 중요한 것은, 삶에서 피하기 힘든 운명의 힘에 저항하려는 태도와 마음가짐이 아닐까 싶다. 이렇듯 삶에서 의미를 애써 획득하는 작업은 인간에게 생의 마지막 순간까지 허락되어 있다.

로고테라피의 테두리 내에서 애당초 직관적으로 발전된 **의미 이론**Logotheorie — '창조적인 체험 가치 및 태도 가치'에 관한 이론[27] — 은 최근 경험적 검증을 거쳐 유효성을 인정받았다. 브라운, 카시아니, 크럼보, 댄사트, 딜랙, 크라토크빌, 루카스, 런스포드, 메이슨, 마이어, 머피, 플라노바, 포피엘스키, 리치먼드, 로버츠, 루취, 살리, 스미드, 야넬 그리고 영 등은 의미 발견과 의미 충족이 연령, 교육 정도, 성별뿐 아니라 종교성 유무와도 무관하며 어떤 사람이 종교인일 **경우에는** 소속 종파와도 무관하다는

---

[27] Viktor E. Frankl, "Zur geistigen Problematik der Psychotherapie", in: *Zentralblatt für Psychotherapie* 10, 33, 1938.

것을 입증했다. IQ에 있어서도 사정은 마찬가지다.

정신역동학Psychodynamik과 행동과학Verhaltensforschung을 넘어서서 과감히 인간에게만 특수한 현상의 차원에까지 육박해 들어가는 정신치료Psychotherapie, 줄여 말해서 **재인간화 정신치료**rehumanisierte Psychotherapie만이 시대의 징후를 이해할 수 있고 시대의 위난에 대처할 수 있으리라는 것이 이제 분명해졌을 것이다. 말을 바꾸면 이렇다: 실존적 좌절이라든가 정신성 신경증 같은 것을 진단이라도 하려면 우리는 인간 속에 내재한 본질을 봐야만 한다. 인간의 자기 초월성 때문에 쉼 없이 의미를 추구할 수밖에 없는 것이 바로 인간의 본질이다. 그러나 진단이 아니라 치료가 문제될 때는, 더구나 정신성 신경증이 아니라 심인성 신경증psychogene Neurose을 치료하는 일이 문제가 될 때는, 모든 가능성을 뿌리뽑기 위해서라도 스스로에게 거리를 둘 줄 아는 인간의 특징적인 능력에 힘입지 않으면 안 된다. 이 능력은 무엇보다도 유머를 구사할 줄 아는 능력을 통해 가장 잘 구현되곤 한다. 그러므로 인간적인, 인간화된 그리고 재인간화된 정신치료는 인간의 자기 초월성에서 눈 떼지 않으면서 동시에 인간이 자기로부터 거리를 둘 줄 아는 능력을 자유로이 구사할 수 있다는 것을 전제로 하고 있다. 우리가 인간 속에서 동물의 모습만을 볼 경우라면 이 두 가지는 불가능해질 수밖에 없다. 삶의 의미에 연연하는 동물은 없으며 웃을 줄 아는 동물 또한 없다.

인간은 인간일 뿐, 결코 동물일 수는 없다고 말하려는 것은 아니다. 이는 인간적인 차원이 동물적인 차원에 비해 높이 있고, 그리하여 더 낮은 차원을 포섭한다는 것을 뜻하는 데 지나지 않는다. 인간에게만 특별한 현상을 확인하는 것과 인간에게 내재하는 인간 이하의 차원을 동시에 인정하는 것은 따라서 서로 모순되는 행위가 아닐 터이다. 왜냐하면 인간적인 것과 비인간적인 것 사이에는 상호 배척 관계가 아니라 — 이렇게 표현해도 된다면 — 상호 포섭 관계가 성립하는 까닭이다.

역설적 의도

심인성 신경증을 치료할 때 자기 자신과 거리를 두는 능력을 발휘시키는 것은 바로 역설적 의도paradoxe Intention라는 로고테라피의 테크닉이다. 로고테라피의 두 번째 테크닉으로는 탈반추Dereflexion라는 것이 있는데 여기에는 또 하나의 근본적이고 인간학적 요소인 자기 초월성이 토대를 이루고 있다. 이 두 가지 치료 방식을 이해하기 위해서는 일단 로고테라피의 신경증 이론으로부터 출발해야 할 것이다.

우선 세 가지 병인론적 반응 양식을 구별하자. 그 첫 번째 것은 다음과 같이 기술될 수 있다: 환자는 어떤 주어진 증상(그림 1)에 대해 그것이 반복될 것이라는 두려움, 말하자면 어떤 예기불안Erwartungsangst 같은 것을 가지고 반응하게 된다. 그리고 바로 이 예기불안 때문에 실제로 그 증상이 다시 나타나게 되는 것이다 — 이러한 현상은 환자에게 있던 원래의 두려움을 한층 강화시켜 줄 뿐이다.

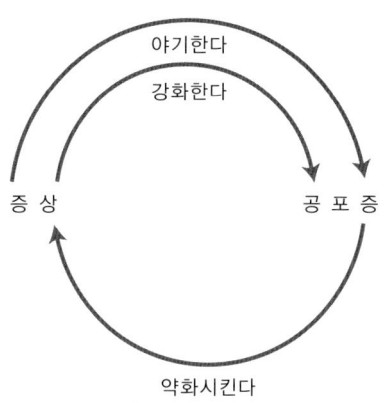

환자가 그토록 재발을 겁내던 불안의 대상은 때에 따라서 바로 불안 그 자체일 수 있겠다. 환자들은 '불안에 대한 불안'이라는 말을 매우 자연스럽게 하곤 한다. 그렇다면 이러한 불안은 그들에게 어떤 양상으로 나타나는 것일까? 통상 그들은 졸도라든가 심장마비, 혹은 충격을 불안해한다. 그렇다면 그러한 '불안에 대한 불안'에 대해서는 어떻게 반응하는가? 도피한다. 아예 집 밖으로 나오려 하지 않는다. 실제로 광장공포증Agoraphobie은 이 첫 번째 불안신경증적 반응 양식의 전형적 패러다임이다.

하지만 왜 이런 반응 양식이 하필 '병을 일으키는'pathogen 것이어야 하는가? 미국 정신치료 진보협회American Association for the Advancement of Psychotherapy의 초청강연(뉴욕, 1960.2.26)에서 나는 다음과 같이 설명했다: "공포증Phobia과 강박신경증obsessive-compulsive neurosis은 부분적으로 불안이 야기되는 상황을 회피하려는 노력에 기인한다." 불안을 유발하는 상황을 회피함으로써 불안으로부터 벗어나려는 시도가 불안신경증적 반응 양식을 영속화하는 데 결정적으로 기여할 것이라는 것이 내 진단이었다.[28] 나의 이러한 견해는 최근 행동 치료적 소견상으로도 거듭 확증된 바 있다. 그러나 행동 치료가 차후에 확고한 실험적 기초를 제공해 주었던 많은 부분을 로고테라피가 미리 선점하고 있었던 것처럼 오해해서는 안 될 것이다. 나는 1947년에 이미 다음과 같은 견해를 피력했다: "주지하다시피 우리는 신경증을 어떤 특정한 의미에서, 그리고 정당하게 어떤 조건반사적 기제로도 파악할 수 있을 것이다. 분석적 정신의학의 모든 방법에 있어서 현저히 문제가 되는 것은 조건반사의 일차적 조건들, 그러니까 어떤 신경증 증상이 나타나는 내적·외적 상황을 의식적으로 규명하는 일이다. 그러나 원래 신경증 — 명백하고 이미 굳어져 버린 — 을 야기시키는 것은 일차적인 조건들뿐만이 아니라 그것

---

[28] Viktor E. Frankl, "Paradoxical Intention: A Logotherapeutic Technique", *American Journal of Psychotherapy* 14, 520, 1960.

의 (이차적인) **확장**이기도 하다는 생각이 든다. 우리가 신경증의 증상으로 파악하려는 그 조건반사는 바로 예기불안의 악순환에 의해서 증폭되는 것이다! 따라서 일단 야기된 반사가 증폭되는 것을 방지하고자 한다면 의당 예기불안을 제거함이 마땅할 줄 안다. 그것도 역설적 의도라는 원리를 발동시키는 방식을 통해서 말이다."[29]

두 번째 병인론적 반응 양상은 불안신경증Angstneurose이 아니라 강박신경증Zwangsneurose의 사례들에서 관찰된다. 환자는 자기를 엄습하는 강박적 사고(그림 2)에 억눌리게 되는데, 이에 대한 반응 양식은 그 강박적 사고를 억압하려는 시도로 나타난다.

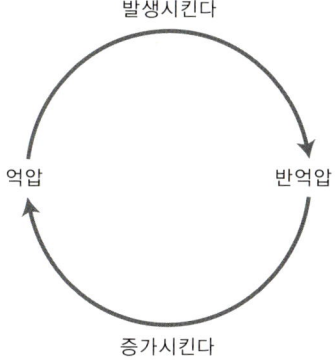

---

[29] Viktor E. Frankl, *Die Psychotherapie in der Praxis*, Franz Deuticke, Wien 1947.

말하자면 환자는 자신을 억압하는 것을 억압하려고 하는 셈이다. 이 반억압은 그러나 원래의 억압을 더욱 강화시킬 따름이다. 여기서 다시 어떤 순환 구조가 발생하고 환자는 다시 이 악순환 속으로 빠져들게 되는 것이다. 불안신경증의 경우와는 달리 강박신경증을 특징짓는 것은 도피가 아니라 투쟁이다. 강박적 사고와 대항해서 싸우는 것이다. 무엇이 환자를 그렇게 만들고 그런 쪽으로 몰고 가는지 우리는 다시 궁금해진다. 그리고 다음과 같은 결론에 도달한다. 환자는 강박적 사고가 정신병Psychose으로 발전할 징후를 보임으로써 단순한 신경증 이상의 것으로 진행되지나 않을까 불안해하거나, 범죄성 내용의 강박적 사고를 실제 행동으로 옮겨 누군가에게 — 타인이나 자기 자신에게 — 무슨 일이건 저질러 버릴지도 모르겠다는 두려움에 떨기도 하는 것이다. 어쨌거나: 강박신경증 환자에게 있어서 두려움의 대상은 두려움 그 자체가 아니라 바로 자기 자신이다.

그러므로 이러한 두 가지 순환기제를 분쇄하고 뒤엎어 완전히 쇄신하는 것이 역설적 의도에 주어진 과제라 하겠다. 환자가 두려움을 느끼는 것을 저지하고 어느 환자가 언젠가 표현한 것처럼, '황소의 뿔을 잡듯' 용감히 두려움에 대항할 때 이 과제는 성공적으로 수행된다. 불안신경증 환자는 자신에게 닥칠 무엇인가를 겁내는 데 반해, 강박신경증 환자는 스스로 저지를지도 모르는 어떤 일에 대해서 두려움을 느낀다. 이 점 각별히 고려해야 한다. 역설적 의도를 다음과 같이 정리하면 이 두 가지가 다 참작될 수 있을 것이다: 환자는 자신이 그토록 두려워하던 바를 도리어 원하거나(불안신경증의 경우), 아니면 자발적으로 감당하도록(강박신경증의 경우) 지시받는다.

역설적 의도의 핵심은 위의 두 가지 병인론적 반응 양식을 특징짓는 환자의 의도, 즉 두려움으로부터 도피함으로써 이를 면해 보려고 한다거나 강박과 맞서 싸움을 통해 강박에서 벗어나려는 의도를 뒤엎어 버리는 데 있다.

내가 역설적 의도를 실제로 치료에 적용해 본 해는 1929년이었지만,[30] 글로 정리되기는 1939년에 이르러서였고,[31] 역설적 의도라는 공식 명칭이 등장하는 책은 1947년에 와서야 출판되었다.[32] 뒷날 유행한 '생체 노출 요법'Exposure in vivo이나 '범람 요법'Flooding 따위의 행동 치료적 방법과 역설적 의도 사이에는 분명히 닮은 점이 있다. 이는 개개의 행동 치료자들에게 이미 알려진 사실이다. 행동 치료를 주로 하는 필라델피아 대학병원에서 월프의 조수로 있던 마이클 애셔 교수는 심지어, 행동 치료법이란 단

---

[30] Ludwig J. Pongratz, *Psychotherapie in Selbstdarstellungen*, Hans Huber, Bern 1973.

[31] Viktor E. Frankl, "Zur medikamentösen Unterstützung der Psychotherapie bei Neurosen", *Schweizer Archiv für Neurologie und Psychiatrie* 43, 26, 1939.

[32] Viktor E. Frankl, *Die Psychotherapie in der Praxis*, Franz Deuticke, Wien 1947.

순히 '역설적 의도가 학습이론적으로 변형된 것'이 발전을 이룬 데 불과한데, '내파 요법'Implosion이라는 방법이 특히 이에 해당한다는 견해를 피력하기도 했다.[33] 한편 스텐포드 대학의 어빈 얄롬 교수는 역설적 의도라는 로고테라피의 테크닉이 '증상 처방'과 같은 방법에 앞선다고 보았는데, 이 방법은 밀튼 에릭슨, 제이 할리, 돈 잭슨과 파울 봐츨라비크 등에 의해서 도입된 것이었다.[34]

더욱 주목을 끄는 것은 역설적 의도의 실효성을 실험적으로 입증하기 위한 시도가 행동 치료자들의 손으로 이루어졌다는 사실이다. 맥길 대학 정신병원의 L. 솔리옴, 가르자-페레즈, 레드윗지와 C. 솔리옴 교수 등은 만성적 강박신경증의 사례들 가운데 심한 정도가 비슷한 두 증상을 선별하여 한쪽 증상, 즉 표본군은 역설적 의도를 써서 치료에 임한 반면, 다른쪽 증상, 즉 대조군에 대해서는 이 방법을 적용시키지 않았다. 그 결과 오직 역설적 의도를 통해 치료한 증상만이 점차 사라지게 되었는데 그것도 불과 수주 만에 일어난 일이었다.[35]

---

[33] L.M. Ascher, "Paradoxical Intention", in: A. Goldstein/E.B. Foa 편, *Handbook of Behavioral Interventions*, New York, John Wiley, 1980.

[34] Irvin D. Yalom, *Existential Psychotherapy*, Basic Books, New York 1980.

[35] L. Solyom/J. Garza-Perez/B.L. Ledwidge/C. Solyom, "Paradoxical Intention in the Treatment of Obsessive Thoughts: A Pilot Study", *Comprehensive Psychiatry* 13, 291, 1972.

애셔 역시 역설적 의도의 임상적 의의와 효과를 실험적으로 증명하는 데 공헌이 컸던 사람이다. 일반적으로 이러한 로고테라피의 테크닉은 여러 가지 행동 치료적 '중재'Intervention와 같은 효능을 지닌 것으로 판명되었다. 그럼에도 불구하고 불면증이라든가 신경증적 배뇨 장애 같은 경우에 있어서는 로고테라피의 효과가 행동 치료적 방법을 훨씬 능가하기도 한다. 불면증에 관해서는 이런 사례가 있다. 애셔의 환자들이 숙면에 들어갈 때까지 걸린 시간은 처음에 평균 48.6분이었다가 10주간의 행동 치료를 거친 후에는 39.36분으로 단축되었다. 그 후 역설적 의도 요법을 2주간 적용한 결과, 불면 지속 시간은 고작 10.2분에 지나지 않았다.[36]

이제 우리는 역설적 의도가 로고테라피의 규칙에 따라 어떤 식으로 진행되는지 해설적 예증을 통해 살펴보기로 하자. 우리는 캘리포니아 샌디에이고의 스펜서 아돌프라는 사람으로부터 다음과 같은 편지를 받은 적이 있다: "당신의 저서 『인간의 의미 탐구』Man's Search for Meaning를 읽은 지 이틀이 지나서 나는 로고테라피를 한 번 시험해 볼 수 있을 만한 상황에 봉착하게 되었습니다. 그때 나는 대학에서 마틴 부버에 관한 세미나에 참가하고 있었는데,

---

[36] L.M. Ascher/J. Efran, "Use of Paradoxical Intention in a Behavioral Program for Sleep Onset Insomnia", *Journal of Consulting and Clinical Psychology*, 1978, 46, 547-50.

바로 첫 시간에 다른 사람들이 하는 말과 정반대되는 말을 해야겠다는 생각이 들었고 또 그 생각을 노골적으로 말해 버렸던 것입니다. 그러자 당장에 땀이 나기 시작했습니다. 내가 이 사실을 깨닫기 무섭게 다른 사람들 역시 이를 눈치챌 것이라는 두려움이 엄습했습니다. 땀이 본격적으로 줄줄 흘러내리기 시작한 것은 바로 그때부터였습니다. 이때 갑자기 어떤 의사의 경우가 뇌리를 스치고 지나갔습니다. 이 의사는 바로 발한공포증 때문에 선생님의 조언을 구한 적이 있는 사람이었습니다. 내 경우가 바로 이 의사의 경우와 비슷하다는 생각이 들더군요. 하지만 당시 나는 정신분석을 그다지 대수롭지 않게 생각하고 있었으며 로고테라피 따위는 내게 더욱더 신통치 않아 보였던 게 사실입니다. 하지만 그럴수록 이번이 역설적 의도를 시험해 볼 절호의 기회로 생각되었습니다. 그때 선생님께서는 그 의사에게 과연 어떤 충고를 하셨던가요? 기분도 전환할 겸, 일단 얼마나 엄청난 양의 땀을 흘릴 수 있는지 남들에게 보여 줄 작정을 해 보라고 하셨다지요 ― '지금까지는 1리터씩밖에 못 흘렸어. 이제부터는 10리터의 땀을 쏟아 내고 말 거야' ― 선생님은 책에 이렇게 쓰셨습니다. 세미나 발표 도중 나는 속으로 이렇게 말했습니다: 그래, 동료들이 보는 앞에서 너도 땀 한번 흘려 보는 거야, 스펜서! 지금까지는 별거 아니었다구, 훨씬 더 많이, 어디 본때 있게 한번 흘려 봐! 내 피부가 점차 건조해지는 것을 느낀 것은 그로부터 불과 몇 초 지나지 않아서였습니다. 내심 웃지 않을 수 없었습니다. 역설적 의도가 효과를 나타낼 거라고는 기대하지 않았으니까요. 그것도 그렇게 빨리! 순간 이런 생각이 들었습니다. 그래, 다시 한 번 해 보자. 역설적 의도라는 것에 분명히 뭔가 있어 — 놀라운 성공이었지만 로고테라피에 대한 회의는 그때까지 내게 남아 있었습니다."

다음의 사례는 모하메드 사디크의 보고서에서 발췌한 것이다: "손 떨림으로 고생하는 48세의 여자 환자가 있었다. 손을 너무 심하게 떨어서 커피든 물이든 들고 있기만 하면 흘리기 일쑤였다. 글씨를 쓰기는커녕 책조차 가만히 들고 읽을 수가 없었다. 어느 날 아침 우리가 마주앉자 그녀는 어김없이 떨기 시작했다. 그때 나는 역설적 의도를 한 번 써 보기로 하고, 제대로 유머를 섞어 가면서 재미있게 풀어 나갔다: '아무개 여사, 우리 떨기 시합 한번 해 보는 게 어때요?' '뭐라고요?' '누가 더 빨리 더 오래 떨 수 있는지 한번 보자는 거요.' '선생님도 손 떨림으로 고생하고 계신 줄은 미처 몰랐어요.' '아뇨, 아뇨, 그게 아니라 — 떨자고 마음만 먹으면 나도 잘 떨 수 있다는 거지요'(그러고는 떨기 시작했다 — 물론 제법 잘 떨었다). '와, 나보다 훨씬 잘 떠시는군요'(웃으면서 그는 떠는 데 속도를 붙이기 시작했다). '더 빨리요, 아무개 여사, 어디 그렇게 떨어서 되겠어요?' '아이고, 이제 더는 못하겠어요, 그만해요, 정말 더 이상 빨리는 못 떨겠다고요.' 그녀는 진짜로 피곤했던 것이다. 부엌으로 갔다가 잠시 후 오는데 보니까 손에 커피 한 잔이 들려 있었다. 그리고 한 방울도 흘리지 않고 다 마셔 버렸다. 그 후로 떨 기미가 보일라치면 나는 한 마디만 해 주면 그만이었다: '아, 아무개 여사, 우리 또 떨기 시합이나 할까요?' 그때 돌아오는 대답은 늘 이런 것이었다: '됐어요, 됐어, 괜찮다니까요.' 이러한 테크닉은 매번 도움이 되었다."

어느 대학의 조교는 우리에게 이런 편지를 보냈다: "내가 구직하러 다닐 무렵입니다. 어디에선가 면접을 하기로 되어 있었는데 이 직장은 내게 매우 놓치기 아까운 자리였습니다. 만약 여기 취직이 되기만 한다면 늦게나마 가족들을 캘리포니아로 데려올 수 있을 것이기 때문이었습니다. 나는 몹시 신경이 곤두서 있었고 좋은 인상을 심어 줄 수 있도록 무진 애를 썼습니다. 그러나 내게는 긴장할 때마다 주위 사람들이 다 눈치챌 수 있을 만큼 심하게 다리가 떨리는 증세가 있었는데 이번에도 예외가 아니었습니다. 하지만 나 자신에게 이렇게 말했습니다: 이번에는 내가 이 망할 놈의 근육을 일부러 떨도록 만든다. 앉아 있지도 못하고 벌떡 일어나 방안을 휘젓고 다닐 수밖에 없을 때까지 한번 떨어보는 거다. 남들은 날 정신 나간 놈으로 알겠지. 오늘, 이 빌어먹을 놈의 근육은 그 어느 때보다 심하게 떨어야 할 것이다 — 아마 기록을 세우게 되겠지 — 하지만 면접이 진행되는 동안 근육은 단 한 차례도 경련을 일으키지 않았으며, 나는 무사히 취직했고, 가족들은 곧바로 이곳 캘리포니아로 올 수 있게 되었습니다."

역설적 의도를 말더듬이의 경우에 적용시킨 사례는 문헌을 통해 허다히 논의된 바 있다. 만프레드 아이젠만의 프라이부르크 대학 박사학위 논문(1960)은 바로 이것을 주제로 한 것이었다. 레엠브르가 어린이들을 대상으로 한 연구 결과에 따르면 단 한 차례의 대체 증상만 나타난 것으로 드러났는데,[37] 이는 L. 솔리옴, 가르자-페레즈, 레드윗지 그리고 C. 솔리옴 등의 관찰 결과와도 부합되는 것이다. 이들 결과는 역설적 의도를 통해 단 한 건의 대체 증상도 확인할 수 없었음을 보여 준다(앞서 인용한 논문).[38]

우리가 앞서 인용했던 사디크는 언젠가 54세의 여자 환자를 치료한 적이 있었다. 그녀는 수면제 중독으로 입원한 사람이었다: "밤 10시에 방에서 나온 그녀는 내게 수면제를 부탁했습니다. '수면제 좀 얻을 수 있을까요?' '미안하지만 오늘은 수면제가 떨어졌군요. 새로 신청하는 걸 간호사들이 깜박했나 봐요.' '그럼 나더러 어떻게 자라는

---

[37] J. Lehembre, "L'intention paradoxale, procédé de psychothérapie", *Acta neurol. belg.* 64, 725, 1964.

[38] 역설적 의도를 적용시킨 후 애셔(Ascher)는 대체 증상을 관찰할 수 없었다. 그는 역설적 의도를 암시(Suggestion)로 환원시키는 데 대해서도 반대의견을 제시했다: "역설적 의도는 환자의 기대가 그 테크닉의 기능에 상반된다고 가정될 때조차 효과를 발휘했다."

거예요?' '오늘은 수면제 없이 한번 버텨 보세요.' 그녀는 두 시간 후 다시 나타났습니다. '잠이 안 와요.' '음, 다시 잠자리에 드시거든 기분도 전환할 겸해서 이렇게 한번 해 보시는 게 어때요? 그러니까 … 잠을 자지 않으려 애쓰는 겁니다. 아예 밤을 샐 작정을 해 보시라고요.' '나는 가끔 내가 미친 게 아닌가 하는 생각을 하곤 해요. 그런데 이제 보니까 선생님도 만만찮네요.' '가끔씩은 미친 짓 해 보는 것도 재미있던데요, 뭘. 그런 재미 모르세요?' '그거 진담이었어요?' '뭐 말입니까?' '잠들지 않도록 애써 보라는 것 …' '물론 진담이었죠. 정말 한 번 해 보세요! 밤새 깨어 있을 수 있는지 우리가 보고 싶어서 그러니까. 어때요, 할 수 있겠어요?' '좋아요.' — 그러나 이튿날 아침 간호사가 조반을 들고 병실에 들어설 때까지도 그 환자는 꿈속을 헤매고 있었습니다."

역설적 의도를 수면에뿐만 아니라 꿈에도 적용시키는 작업은 뉴질랜드 대학의 정신의학자 메들리코트에 의해 최초로 수행되었다. 그는 역설적 의도를 통해 이미 수많은 성과를 거둔 바 있었다 — 자신이 강조하듯이 그가 다룬 환자 가운데는 정신분석을 직업으로 가진 사람도 있었다. 한번은 규칙적으로 악몽에 시달리는 여자 환자를 보게 되었는데, 매일 밤 그녀는 쫓겨 다니다가 결국은 칼에 찔리고 마는 꿈을 꾼다고 했다. 비명을 지르면서 잠에서 깨면 남편도 따라 깨곤 했다. 메들리코트는 그 소름 끼치는 꿈을 아예 끝까지 꾸겠다는 마음을 먹어 보라고 충고해 주었다. 칼부림으로 끝장을 볼 때까지 말이다. 결과는 어떠했는가? 악몽은 사라졌으나 남편이 잠을 설치기는 마찬가지였다. 환자가 자면서 비명 지르는 일은 더 이상 없었지만 대신 꿈결에 큰 소리로 웃곤 하는 것이었다. 남편이 편한 잠을 청할 수 없기는 어차피 매한가지 아닌가![39]

역설적 의도가 만성적 난치성의 증례에도 효과를 나타낸다는 사실은 거듭 관찰된 바 있다. 그 효과는 단기간의 치료에도 나타났다. 60년간 지속되던 강박신경증이 역설적 의도를 통해 현저히 호전되었다는 사례가 보고되기도 했다.[40] 역설적 의도라는 이 테크닉으로 거둘 수 있었던 임상적 효과는 적어도 도처에 만연하고 있는 비관론과 이 테크닉을 대비시켜 생각할 때 더욱 놀랍고 주목할 만하다. 오늘날의 정신과 의사들은 만성적이고 고질적인 강박신경증과 맞서야 할 때 곧잘 이러한 비관론에 사로잡히곤 한다. L. 솔리옴, 가르자-페레즈, 레드윗지와 C. 솔리옴(앞서 인용한 논문)은 7개국에서 다양하게 수행된 12건의 진료 결과에 대해 언급했는데, 이에 따르면 강박신경증의

---

[39] R.W. Medlicott, "The Management of Anxiety", *New Zealand Medical Journal* 70, 155, 1969.

[40] K. Kocourek/Eva Niebauer/Paul Polak, "Ergebnisse der klinischen Anwendung der Logotherapie", in: Viktor E. Frankl/Victor E.v. Gebsattel/J.H. Schultz 편, *Handbuch der Neurosenlehre und Psychotherapie*, Urban und Schwarzenberg, München - Berlin 1959.

50%에 달하는 사례가 치료에 영향을 받지 않은 것으로 드러났다. 연구자들은 강박신경증의 진단이 다른 유형의 신경증 진단에 비해 나을 바가 없었다고 판단했고, 이 점에 있어서 행동 치료 또한 어떤 변혁도 가져오지 못한 것으로 보았다. 그도 그럴 것이 행동 치료자들이 보고한 사례의 46%만이 호전된 것으로 나타났기 때문이다. 헨켈, 슈묵과 배스틴[41] 역시 숙련된 정신분석가들을 증인으로 내세워, "특히 난치성 강박신경증은 치료에 집중적 노력을 기울였음에도 불구하고 치료불능으로 입증되었다"고 지적했다. 그에 반해 역설적 의도는 '현저히 짧은 치료 기간에도 불구하고 강박신경증적 제諸 증상에 명백한 영향력을 행사할 가능성을 시사해 주었다'.

역설적 의도가 단기간의 치료를 통해 만성적 증례에 도움을 준다는 사실은 다음과 같은 해설적 예증을 통해서도 입증될 수 있다. 아놀드 라자루스가 발간한 『임상 행동 치료』[42]에서 맥스 제이콥스는 다음과 같은 사례를 소개한다: K 여사는 적어도 15년 동안이나 심한 밀폐공포증Klaustrophobie을 앓고 있었다. K 여사가 그를 찾은 것은 남아프리카에서였는데 그것은 그녀가 고향인 영국으로 돌아가기 일주일 전의 일이었다. K 여사는 오페라 가수였으므로 계

---

[41] D. Henkel/C. Schmook/R. Bastine, *Praxis der Psychotherapie* 17, 236, 1972.

[42] Arnold A. Lazarus 편, *Clinical Behavior Therapy*, Brunner-Mazel, New York 1972.

약의무를 이행하기 위해서는 자주 세계 여행을 다녀야 할 형편이었다. 따라서 그녀의 밀폐공포증은 당연히 비행기, 엘리베이트, 기차, 레스토랑 그리고 극장에 집중될 수밖에 없었다. "이때 역설적 의도라는 프랭클의 테크닉을 적용해 보았다"고 제이콥스는 기록한다. 실제로 제이콥스는 그 환자에게 공포증을 불러일으킬 만한 상황을 일부러 찾아다니며 그녀가 평소에 두려워해 마지않던 것, 즉 질식하게 될 것을 오히려 원해 보라고 권했다 — 여기서 나는 질식해 버려야지, 그녀는 이제 그렇게 마음먹어야 했다. "자, 이젠 갈 데까지 가 보는 거야." 거기에 덧붙여 환자는 '점진적 긴장 이완'progressive relaxation과 '탈감작화'脫感作化(desensitization)까지 교육받았다. 이틀 후 그녀는 아무렇지도 않게 레스토랑을 찾아갈 수 있었고 엘리베이터는 물론 버스까지 타고 다닐 수 있었음이 확인되었다. 나흘 후에는 영화관을 드나드는 데도 두려움을 느끼지 않았을 뿐 아니라 예기불안 없이 영국으로의 귀국도 바라볼 수 있을 정도였다. 런던에서 그녀가 전해 온 바에 따르면 심지어 몇 년 만에 처음으로 지하철을 탈 수 있었다고 한다. 그렇게 짧은 기간의 치료가 끝나고 15개월이 지나도록 환자에게 증상은 재발되지 않았다.

이어서 제이콥스는 — 불안신경증이 아니라 — 강박신경증의 사례에 관해서 이야기한다. T 씨는 12년 동안이나 신경증에 시달리면서 정신분석이나 전기충격 치료를 받아 보았지만 어느 것도 만족할 만한 치료 효과를 거두지 못했다. 그가 주로 두려워한 것은 질식이었다. 먹고 마실 때, 그리고 길을 건널 때는 그 두려움이 특히 더했다. 제이콥스는 그가 늘 겁내던 바로 그것을 해 보라고 권유했다. 즉, 역설적 의도를 사용하여 제이콥스는 그 환자에게 물 한 컵을 마시라고 준 다음, 이 물 한 컵으로 질식할 수 있는 모든 방안을 총망라할 것을 요구했던 것이다. 그는 최소한 하루 세 차례씩 질식을 기도하도록 지시받았다. 아울러 긴장 이완 요법이 병행되었는데, 열두 번째 면담에서 그 환자는 완치되었다고 말할 수 있게 되었다.

전문가가 아닌 일반인들도 역설적 의도를 자기 자신에게 적용하여 성공하는 사례가 잦다는 사실은 놀라운 일이다. 우리 앞으로 온 한 통의 편지에는 다음과 같은 사연이 들어 있었다: 어떤 사람이 14년 동안이나 광장공포증에 시달리다 못해 3년간의 정통 정신분석 치료를 받았는데 별 효과를 거두지 못하였다. 2년 동안의 최면요법을 통해 다소 호전이 보이기도 했지만 결국 6주간의 입원 치료를 요하는 지경에 이르렀다. 사실 도움이 될 수 있는 것이라고는 아무것도 없었다. 어쨌거나 그 환자가 보낸 편지에는 이런 말이 씌어 있었다: "14년 동안 근본적으로 변한 거라고는 아무것도 없었습니다. 하루하루가 그저 지옥 같았습니다." 어느 날 그녀는 거리로 나갔다가는 다시 되돌아 들어올 수밖에 없는 경우에 처하고 말았다. 심한 광장공포증이 엄습했던 것이다. 그때 내가 쓴 책 『인간의 의미 탐구』에서 읽은 말이 떠올라 자신을 타일렀다: '이제 이 거리에서 나를 에워싼 모든 사람들에게 보여 주자, 내가 이 모든 것을 얼마나 멋지게 해낼 수 있는지, 공포에 휩싸여 마침내 허물어지는 것까지 말이야.' 갑자기 평온해지는 듯했다. 별 탈 없이 슈퍼마켓까지 갈 수 있었고 사야 할 물건들을 샀다. 그런데 계산대 앞에 이르자 느닷없이 땀이 나고 떨리기 시작했다. 그래서 또 속으로 생각했다: '카운터 직원에게 내가 얼마만큼 땀을 쏟아 낼 수 있는지 한번 보여 주자. 아마 놀라 자빠질 거야.' 돌아오는 길에야 비로소 그녀는 자신이 얼마나 침착해져 있었는지 깨달았다. 그리고 다음에도 그런 상태가 계속되었다. 역설적 의도에 의지한 지 불과 몇 주가 지나지 않아서 그녀는 언제 그런 증세를 앓았었는지 스스로도 믿기 어려울 정도로 광장공포증을 완전히 다스릴 수 있었다.

이제 세 번째 병인론적 반응 양상에 대하여 고찰해 보자. 첫 번째 반응 양상이 불안신경증의 경우를, 그리고 두 번째가 강박신경증의 경우를 특징짓는 것이었다면 세 번째 병인론적 반응 양상에서 문제가 되는 것은 성적 신경증에서 흔히 발견되는 메커니즘이다. 말하자면 소위 성적 능력Potenz과 오르가슴에 문제가 발생하는 경우를 말한다. 이런 경우에 있어서도 우리는 강박신경증에서도 그랬듯이 환자의 분투 노력하는 모습을 곧잘 목격하게 된다. 그러나 성적 신경증의 경우에 있어서 환자는 무엇에 **대항해서** 싸우는 것이 아니라 — 강박신경증 환자들은 강박관념에 맞서 싸운다고 앞서 말한 바 있다 — 오히려 뭔가를 **얻기 위해** 싸우게 된다. 그는 다름아닌 성적 능력과 오르가슴의 형태로 나타나는 이 성적 쾌락을 얻기 위해 분투 노력하는 것이다. 그러한 한 환자는 투쟁한다. 그러나 유감스럽게도 그게 아니다. 쾌락을 추구하면 할수록 모름지기 사람은 쾌락으로부터 멀어지게 되어 있다. 말하자면 쾌락은 정면공격을 사절한다. 왜냐하면 쾌락이란 우리 행위의 진정한 목적도 아니며 도달 가능한 목표도 아닌 까닭이다. 오히려 쾌락은 행위의 결과이자 부산물이다. 우리가 온전히 자신을 초월할 수 있을 때, 그리고 사랑을 통해 다른 사람에게 헌신할 때나 자신을 바쳐 어떤 일에 몰두할 때 쾌락은 스스로 우리 앞에 다가온다. 쾌락 충족과 자아실현에 이르는 길은 결국 자기희생과 자기망각에 맞닿아 있다. 이 길을 둘러가는 길이라고 생각하는 사람은 지름길을 찾아 쾌락 그 자체를 목적으로 삼고 싶은 유혹에 빠지기 십상이다. 그러나 그가 지름길이라고 여겼던 것이 바로 막다른 골목에 지나지 않았음은 곧 드러날 것이다.

여기서 우리는 환자가 또다시 악순환에 빠지는 것을 관찰할 수 있다. 쾌락을 위한 투쟁, 성적 능력과 오르가슴을 얻기 위한 몸부림, 쾌락에의 의지, 도를 지나친 쾌락의 과잉의도Hyperintention(그림 3)는 오히려 쾌감을 죽일 뿐만 아니라 역시 무리한 과잉반추Hyperreflexion를 초래한다. 그런 사람은 성행위 도중에 자신의 모습을 관찰할 것이며, 상대방의 반응도 은연중에 살피기 시작할 것이다. 그러나 자연스러운 애정 표현은 여기서 종언을 고한다.

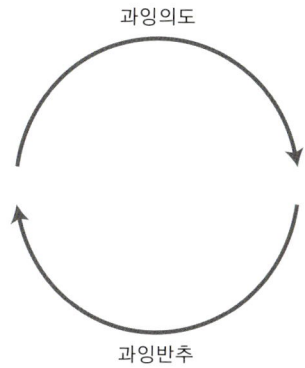

성 기능 장애의 경우에 과잉의도를 불러일으키는 것은 과연 무엇일까? 이런 의문 앞에서 우리가 거듭 확인할 수 있는 바는 환자가 성행위 도중 자기에게 요구되는 일종의 성취에 집착하고 있다는 점이다. 한마디로 그 환자에게 성행위란 요구의 성격을 띤다. 1946년[43]에 나는 이미 환자가 "'성행위를 수행하면서 마치 어떤 의무감 같은 것을 느끼고 있으며', 이러한 '성적 강박'Zwang zur Sexualität은 자기

---

[43] Viktor E. Frankl, *Ärztliche Seelsorge*, Franz Deuticke, Wien 1946.

자신으로부터 비롯될 수도 있고 혹은 어떤 외적 상황에서 기인될 수도 있다"는 것을 지적한 바 있다. 이러한 강박은 또한 성행위 파트너로부터 오기도 한다('격정적이고' 성적으로 요구하는 바가 많은 파트너인 경우). 이 세 번째 항목이 의미하는 것은 언젠가 동물 실험을 통해서도 확인된 바 있다. 콘라드 로렌츠는 짝짓기를 원하는 동인도산 투어鬪魚의 암컷이 수컷 앞에서 교태를 부리면서 꽁무니를 빼는 대신 정열적으로 수컷을 향해 헤엄쳐 가도록 조치해 두었다. 그러자 수컷은 마치 사람이 하는 것 같은 반응을 보였다고 한다. 말하자면 녀석은 반사적으로 제 생식기관을 감추고 말았던 것이다.

탈반추

로고테라피에서는 탈반추Dereflexion를 과잉반추에 대치시키는 한편, 발기부전증Impotenz의 원인이 되는 과잉의도에 대항하기 위해서는 1947년에까지 소급되는[44] 로고테라피의 한 가지 테크닉을 사용한다. 우리는 환자에게 '미리 짜여진 프로그램대로 진행되는 듯한 성행위를 생각하지 말고 그때그때 단편적으로 자연스럽게 이루어지는 자상하고 부드러운 애정 표현, 이를테면 상호 간에 이루어지는 성적 전희 정도에서 그칠 것'을 권유한다. 또 한 가지

---

[44] Viktor E. Frankl, *Die Psychotherapie in der Praxis*, Franz Deuticke, Wien 1947.

우리가 환자에게 충고하는 것은 이런 것이다: "당신의 파트너에게 얼마 동안만이라도 서로 간에 성교Koitus만큼은 절대로 자제하자고 제안해 보라 — 하지만 현실적으로 당신은 조만간 이를 지키지 못할 것이 분명하다. 오히려 이제까지 당신의 파트너가 짐 지웠던 성적 요구의 부담으로부터 홀가분해지는 것을 느낄 때 비로소 당신은 서서히 상대에 더 큰 사랑스러움으로 다가가 결국에는 욕구의 마지막 단계까지 이끌리지 않을 수 없을 것이다. 짐짓 서로 간에 '성교금지조약'을 체결해 두기는 했지만 파트너가 당신을 거부할지도 모른다는 위험 부담을 느낄 정도에까지 이르게 될 것이다. 파트너가 당신을 거부하면 할수록 당신이 성공할 확률은 높아진다."

윌리엄 새헤이키언과 바바라 재클린 새헤이키언[45]은 W. 마스터스와 V. 존슨의 연구 결과가 우리의 연구 결과를 절대적으로 확인시켜 준다고 생각했다. 사실 1970년에 마스터스와 존슨이 개발한 요법은 1947년에 우리가 발표했고 방금 위에서 약술한 치료의 테크닉과 많은 점에서 매우 유사하다. 아래에서는 지금까지의 논의를 재차 예증적으로 확인시키고자 한다.

어떤 여자 환자가 불감증 때문에 나를 찾아왔다. 어린

---

[45] William S. Sahakian/Barbara Jacquelyn Sahakian, "Logotherapy as a Personality Theory", *Israel Annals of Psychiatry* 10, 230, 1972.

시절 친아버지로부터 성폭행을 당한 경험이 있었다고 했다. '천벌을 받을 거야.' 이것이 그 환자의 확신이었다. 이러한 예기불안에 휩싸인 나머지 파트너와 다소 깊이 있는 애정 표현을 나눌 만한 상황에만 처하면 오히려 '말똥말똥 긴장하여' 몸이 굳는 것이었다. 왜냐하면 그녀가 진정으로 원했던 것은 자신이 정상적인 여성이라는 것을 증명하는 것이었기 때문이다. 하지만 바로 그런 생각 때문에 주의가 집중되지 않고 파트너와 자기 자신 사이에서 분산될 수밖에 없었던 것이다. 이 모두가 오르가슴을 좌절시키는 요인이 되었다. 성행위 자체에 관심을 쏟을수록 상대방에게 몰두하는 망아의 능력은 소실되기 때문이다 ─ 나는 환자에게 지금은 시간이 없어서 당신을 제대로 치료할 수 없겠다고, 그러니 두 달쯤 후에 다시 와 보라고 일러 주었다. 하지만 그때까지 오르가슴을 느낄 수 있느니 없느니 하는 따위의 일에는 제발 신경을 쓰지 말고 ─ 그 문제에 대해서는 치료가 시작되면 충분히 이야기할 기회가 있을 거라고 하면서 ─ 성행위를 할 때는 오로지 당신의 파트너에만 온 관심과 신경을 집중시켜 보라는 당부도 잊지 않았다. 시간이 지나자 내가 옳았음이 입증되었다. 내가 예상했던 일이 과연 일어났다. 그 환자가 다시 나를 찾아온 것은 두 달 후가 아니라 겨우 이틀이 지나서였다 ─ 그리고 이때는 이미 완치되어 있었다. 그저 자기 자신의 모습에 대한 집착으로부터 벗어나는 것, 자신의 오르가슴 능력 유무에 대한 집착으로부터 완전히 자유로워지는 것 — 한마디로 말하면 탈반추 —, 그리고 파트너에 대한 더 자연스러운 헌신, 그녀가 처음으로 오르가슴을 경험하는 데 이 이상 더 요구되는 것은 없었던 것이다.

간혹 그렇듯이 우리의 '속임수'는 양편 파트너 모두가 눈치채지 못할 때에만 성공적으로 먹혀 들어갈 수 있다. 이런 상황 속에서 얼마나 기발한 효과가 연출될 수 있는지는 내 제자 마이런 J. 호온이 전하는 말에서도 극명하게 드러난다: "젊은 부부 한 쌍이 나를 찾아온 것은 남편의 발기부전증 때문이었다. 아내는 자기 남편에게 당신이 잠자리에서 얼마나 형편없는 남자인지 아느냐고 끊임없이 쫑알거렸고, 자기도 제대로 된 만족을 느껴 보고 싶은 나머지 이제는 딴 남자들과도 관계를 가져 볼 생각까지 하게 될 정도라고 말했다. 그래서 나는 두 사람에게 이렇게 해 보라고 권했다: 일주일 동안 매일 저녁 적어도 한 시간씩은 벗은 채 침대에서 함께 시간을 나누어 보라, 당신들 마음에 들고 포근해질 수 있는 일이라면 어떤 모습으로 있건 전혀 상관없다, 그러나 어떤 경우에도 절대로 허락되어서는 안 될 것이 딱 한 가지 있는데, 그것은 성교다 … 일주일 뒤에 그들은 다시 나를 찾아왔다. 그들은 내 처방에 따르려고 무척 애를 썼으나 '유감스럽게도' 세 차례나 성교에 이르고 말았노라고 고백했다. 나는 짐짓 화를 내면서 적어도 일주일은 더 내 지시에 따라야 할 거라고 엄포를 놓았다. 그들이 내게 다시 전화를 건 것은 불과 며칠이 지나지 않아서였다. 도저히 내 엄명을 준수할 수 없었다는 얘기였다. 더구나 이번에는 하루에도 몇 번씩 나의 마지막 금기 사항 — 성교 — 을 어길 수밖에 없었노라고 했다. 일 년 후 나는 이 효과가 아직도 지속되고 있다는 사실을 확인할 수 있었다."

환자인 당사자에게뿐 아니라 그의 파트너에게도 우리의 '속임수'를 노출시킬 필요가 없다. 이런 경우는 다음의 사례가 잘 보여 주고 있다. 버클리 대학에서 조세프 B. 파브리가 주관한 로고테라피 세미나에 참가했던 한 여자는 이 테크닉을 파브리의 지도하에 자신의 파트너에게 적용시켜 보았다. 그 파트너 되는 사람은 심리학자였고 성 문제 상담소를 운영하고 있었다(그는 마스터스와 존슨에게서 수학했다고 한다). 그러나 문제는 이 성 문제 상담자 자신에게도 성 기능 장애가 있다는 데 있었다. 아래와 같은 사실이 우리에게 보고되었다: "프랭클의 테크닉을 사용하여 우리는 수잔더러, 주치의가 그러는데 몇 가지 약물 치료와 더불어 한 달 동안은 잠자리를 함께하지 말라더라고 파트너에게 전하라고 했다. 그 외의 다른 육체적 애정 표현은 허용되었으므로 그들은 원하는 대로 하다가 종종 성교에까지 이르곤 했다. 일주일 후 수잔은 처방대로 잘 되어 가고 있다고 우리에게 전해 주었다." 얼마 후 증세는 재발되었다. 그러나 파브리의 제자였던 수잔은 자기 혼자 힘으로도 파트너의 성 기능 장애를 극복하기에 충분할 만큼 총명했다. "이번에는 주치의의 처방에 관한 이야기를 다시 할 수가 없었기 때문에, 수잔은 스스로 자기 파트너에게 자신이 오르가슴을 느끼기가 매우 힘들다는 고백과 더불어 오늘 밤에는 성교를 자제하면서 자신의 오르가슴 문제를 해결하도록 도와 달라고 부탁했다." 그러니까 수잔은 파트너로 하여금 억지로라도 직업적인 성 문제 상담자 역할을 담당하도록 하는 한편, 그를 자기 초월로 인도하기 위해서 자신이 스스로 환자 역할을 떠맡은 셈이다. 이 작업은 곧 탈반추를 야기시켜 병의 원인을 제공했던 과잉반추를 차단시키는 결과를 낳았다. "다시 모든 것이 원만히 해결되었다. 그때 이후 성 기능 장애(발기부전증)가 문제된 적은 더 이상 없었다."

캘리포니아의 성 문제 상담자 구스타브 에렌트라우트는 언젠가 16년 동안 조루증Ejaculatio praecox으로 고민하고 있던 환자를 치료하게 되었다. 처음에는 행동 치료를 시도해 보았지만 두 달 동안 별 성과를 거두지 못하였다. 그는 '프랭클의 역설적 의도를 적용해 보기로 했다'면서 다음과 같이 부언했다. "나는 환자에게 조루증을 억지로 개선시키려고 할 것이 아니라 오직 자신의 만족을 위해서만 노력해 보는 것이 어떻겠느냐고 일러 주었다." 여기에 덧붙여 에렌트라우트는 환자에게 성교 지속 시간을 될 수 있는 한 짧게 유지하도록 애써 보라고 권했다. 그 후 이 역설적 의도 요법은 성교 지속 시간을 종전의 네 배 정도 연장시킬 수 있을 만한 효과를 거두었다. 그리고 증세는 재발되지 않았다.

캘리포니아의 다른 성 문제 상담자 클로드 패리스는 내게 역설적 의도가 질경련Vaginismus의 증례에도 적용될 수 있다고 전해 주었다. 어린 시절 가톨릭 수도원에서 교육받은 적 있는 이 여자 환자에게 성이란 절대적인 금기 사항일 수밖에 없었다. 치료가 필요했던 이유는 성교시의 극심한 통증 때문이었다. 패리스의 처방은 성교시 성기 부위의 긴장을 이완시키지 말고 오히려 남편의 삽입이 불가능할 정도로 최대한 질의 근육을 수축시켜 보라는 것이었다. 두 사람이 다시 찾아와서 결혼 후 부부 생활을 하는 동안 통증을 느끼지 않은 적은 이번이 처음이었노라고 말한 것은 그로부터 불과 일주일이 지나서였다. 재발의 징후는 발견되지 않았다. 이러한 임상 보고에서 가장 특기할 만한 사실은 긴장을 이완시키기 위한 방도로 역설적 의도를 적용시키려 했던 바로 그 발상이었다. 이와 관련하여 역시 캘리포니아에서 연구 활동을 하고 있는 데이비드 L. 노리스의 실험 결과는 언급해 둘 만하다. 이 실험에서 피험자인 스티브는 최대한 긴장을 풀도록 지시받았고 또 그렇게 해 보려고 애쓰기도 했지만 성공하지 못하였다. 목적을 달성하려고 너무 적극적으로 매진한 데 그 원인이 있었다. 노리스가 그것을 대단히 정확히 관찰할 수 있었던 것은 피험자와 연결된 근전도 검사기 덕분이었다. 노리스가 절대로 자신의 긴장을 진짜로 풀어 줄 사람이 아니라는 것을 스티브가 넌지시 눈치채고 있는 동안 계기의 바늘은 지속적으로 50 마이크로 암페어를 가리키고 있었다. 스티브가 급기야 감정을 터뜨리고 말았다: "긴장 이완은 무슨 얼어 죽을 놈의 긴장 이완이야. 긴장 이완 따위는 이제 내겐 필요 없어." 그 순간 이미 근전도 검사기의 바늘은 급강하하여 10 마이크로 암페어를 가리켰다. 노리스는 이렇게 쓰고 있다: "수치가 너무 빨리 떨어져 나는 기계의 연결 상태에 이상이 생긴 줄 알았다. 계속된 실험에서도 스티브가 성과를 거둘 수 있었던 것은 그가 긴장을 풀려고 억지로 애쓰지 **않았기** 때문이었다."

이제 지금까지 말한 것을 요약해 보자. 로고테라피가 적용될 수 있는 분야는 크게 보아 다섯 가지가 있다. 의미치료Therapie vom Logos로서의 로고테라피는 우선 의미상 **정신성 신경증**noogene Neurose의 여러 사례들에 적용된다. 이런 증상들은 말 그대로 정신에서 오는noogen, 무엇보다도 의미 상실감으로부터 비롯되는 신경증이기 때문이다. 따라서 이 **첫 번째** 적용 분야에서는 로고테라피를 하나의 특수 치료라고 생각할 수도 있을 것이다.

두 번째 적용 범위에서는 사정이 좀 다르다. **심인성 신경증**psychogene Neurose의 경우에 있어서, 로고테라피는 탈반추와 역설적 의도라는 형태로 수행되며, 다양한 병인론적 반응 양상들이 — 이들을 해결하는 일은 로고테라피의 매우 중요한 관심사다 — 의미 문제와는 아무런 관련을 맺고 있지 않다는 점에서 보편적 치료로도 효과를 나타내고 있다. 그러나 이 말은 결코, 이러한 보편적 치료가 단지 대중요법에 불과하다는 것을 의미하지는 않는다. 실제로 적용되고 있는 사례를 보면, 탈반추와 역설적 의도는 신경증을 그 뿌리에서 공략한다. 말하자면 병의 원인이 되는 그 악순환 기제를 분쇄해 버리는 것이다. 따라서 로고테라피가 그 자체로서는 특수 치료일 수 없다 할지라도 로고테라피를 일종의 정신치료로 본다면 그래도 여전히 원인 치료라 할 수 있을 것이다.

이와는 또 다른 경우가 **세 번째** 적용 범위이다. 여기서는 로고테라피가 더 이상 치료로 간주되지 않는다. 이유는 간단하다. 여기서 로고테라피는 통상적인 의미에서의 **신체성**somatogen 질환만을 다루는 것이 아니라, 불치의 신체성 질병과도 깊은 관련을 맺고 있기 때문이다. 어차피 이런 경우에는 환자로 하여금 고통 중에서도 마지막 순간까지 삶의 의미를 발견할 수 있도록 도와주는 것밖에는 달리 할 일이 없다. 말하자면 태도 정립이 지니는 가치를 깨달아 몸소 구현할 수 있도록 도와주는 것이다.[46] 앞서 말한 바와 같이 이런 상황 속에서는 치료라는 것이 그다지 큰 의미를 지니게 될 것 같지는 않지만, 그럼에도 불구하고 환자들의 마음을 보살피는 행위ärztliche Seelsorge[47] 역시 의사들에게 부과된 고유한 책무에 포함될 것이라는 사실은 그 누구도 부인하지 못할 것이다.

네 번째 적용 범위에 있어서 로고테라피는 의료 행위 — 불치의 병을 다루는 일까지도 포함해서 — 의 범주에는 들지 않는다. 이 점 세 번째 적용 범위와 대조적이다. 여기서 로고테라피는 의미 상실감, 공허감, 실존적 진공상태 등과 같은 **사회원인적**soziogen 현상들과 대결하게 된다. 이 현상들은 그 자체로서는 아직 병적인 현상이 아니기 때문에 전혀 의학적 모델을 적용시킬 수가 없다. 물론 이런 현상들이 쉽게 병을 일으키는 원인이 될 수는 있다. 그런 경우에는 정신성 신경증으로 이행되기도 한다.

이제 끝으로 로고테라피의 **다섯 번째** 적용 범위를 살펴보자. 삶의 의미에 대해 사회가 짐 지운 회의와 절망에 직

---

[46] 로고테라피가 죽음을 앞둔 중환자들로 하여금 사는 데 — '죽는 데'가 아니라 — 의미를 발견할 수 있도록 도울 수 있다는 것은 이미 엄밀한 경험적 연구를 통해 밝혀진 사실이다. 이러한 연구는 Terry E. Zuehlke와 John T. Watkins가 James C. Crumbaugh와 Leonard T. Maholick의 Purpose in Life-Test를 근거로 수행한 것인데, 그 결과는 "The Use of Psychotherapy with Dying Patients. An Exploratory Study"라는 제목으로 *Journal of Clinical Psychology*(1975, 31, 729-32)에, 그리고 "Psychotherapy with Terminally Ill Patients"라는 제목으로는 학술지 *Psychotherapy: Theory, Research and Practice*(1977, 14, 403-10)에 각각 게재되었다. 심지어 '말기 환자에 대한 로고테라피 효과'는 수량화될 수도 있었다: "Purpose in Life-Test로 측정한 바에 따르면 환자들은 삶의 의미와 목적에 대한 깨달음이 현저하게 커지고 있음을 체험했다."

[47] "환자의 마음을 보살피는 것, 이것이 바로 우리가 하는 일이다" — 프로이트.

면해서, 로고테라피는 환자에 대한 임상적 치료까지는 안 가더라도 최소한 고통받고 있는 사람에 대한 인간적 보살핌 정도는 항상 위임받고 있다. 로고테라피의 다섯 번째 적용 범위에서 문제가 되는 것은 정신성 신경증이나 심인성 신경증에 대한 특수한 혹은 보편적 치료도 아니고, 신체로부터 기인하거나 사회에서 비롯되는 증례에 대한 치료와 보살핌도 아니다. 여기서 중요한 문제로 대두되는 것은 바로 의인성醫因性(iatrogen) 신경증의 예방이다. 아니 어쩌면 정신의인성psychiatrogen 신경증이라고 말하는 편이 더 정확할지도 모르겠다. 이를테면 의사가, 특히 정신과 의사가 철저히 비인본주의 모델을 염두에 두고 이를 환자에게 주입시킴으로써, 정신치료가 싫든 좋든 교조화로 치달을 뿐 아니라 나아가 환원주의적 정신치료로 되어 버리는 경우이다. 그러한 한 의사 또한 환자의 실존적 좌절감을 강화시킨 책임을 면하기 어려울 것이다.

지그문트 프로이트는 언젠가 이런 말을 했다: "우리의 모든 진술은 보완되고 발전되는 가운데 수정되기를 기다린다." 정신분석학이 미래의 정신치료에 토대를 제공할 것이라는 사실에는 변함이 없다. 정신분석학이라는 대지 위에 건물은 끊임없이 '증축될' 것이고, 모든 대지가 그렇듯이 미래의 정신치료라는 새 건물이 들어서면 대지는 점차 시야에서 사라지게 될 것이다. 이렇듯 정신치료의 기초를 확립하는 데 프로이트는 불후의 공적을 남겼고, 그의 업적과 어깨를 나란히 할 만한 것은 그리 흔치 않다. 세계에서 가장 오래된 유태교 성전, 프라하의 알트-노이-슐레를 방문하면 안내자가 의자 두 개를 보여 준다. 그중 한 의자는 저 유명한 전설적 랍비 뢰브 — 전하는 말에 의하면 점토덩어리를 골렘*으로 변화시킨 것이 바로 이 사람이라고 한다 — 가 앉았던 것이고, 다른 하나는 랍비 뢰브를 제외한 다른 모든 랍비들이 앉았던 의자이다. 스스로를 감히 랍비 뢰브와 비견하여 그의 의자를 차지할 엄두를 내어 본 사람이 그동안 아무도 없었기 때문이다. 이것이 수세기를 내려오면서 랍비 뢰브의 의자가 빈 채로 남아 있게 된 연유다. 나는 프로이트에게서도 이와 비슷한 느낌을 받곤 한다: 그 누구도 자신을 감히 프로이트와 견주지 못할 것이다.

---

* 유태인의 전설에 등장하는 인조인간으로서 주술적인 힘에 의하여 흙에서 사람으로 변한다고 함 — 옮긴이.

비르켄발트를 위한 레퀴엠

어떤 형이상학적 회합

홍진영 옮김

---

* *Der Brenner* 17 (Innsbruck 1948) 92-125에 "Gabriel Lion"이라는 가명으로 첫 발표[원제는 "Synchronisation in Birkenwald: Eine metaphysische Conférence"이며, 여기서는 Viktor E. Frankl, *... trotzdem Ja zum Leben sagen: Ein Psychologe erlebt das Konzentrationslager*, 12. Auflage, München: Deutscher Taschenbuch Verlag 1993, 151-98에서 옮겨 실음 — 옮긴이].

나오는 사람들

베네딕투스 (바루흐) 드 스피노자

소크라테스

임마누엘 칸트

카포*

프란츠

카알

프리츠

에른스트

파울

어머니

검은 천사

친위대원

곳

연극이 상연되는 바로 그곳

때

연극이 상연되는 바로 그때

---

* 강제수용소에서 수용인들을 감시하고 통제하기 위해 수용인 가운데서 선발된 자 — 옮긴이.

무대 중간쯤에 막. 그 앞은 비어 있다. 저마다 제 시대의 의상을 걸친 철학자 셋, 칸트는 가발을 썼다.

스피노자: (회의록을 작성한다) 회의록 작성자, 베네딕투스 드 스피노자 …

소크라테스: 정확한 시간도 기록하셔야지요.

칸트: 잠깐! 이의를 신청합니다 ─ 정확한 시간이라니, 무슨 뜻입니까? ─ 하고 싶은 말이 뭡니까? ─ 유럽 표준시? ─ 그냥 표준시? 서머 타임? ─ 아니면 다른 어떤 것? 여러분, 나는 나의 선험적 비판주의가 망각의 위기에 처해 있음을 보는 바입니다.

스피노자: 죄송합니다, 교수님 ─ 하지만 나는 선험적 비판주의를 잊은 적이 없어요.

소크라테스: 나도 마찬가지입니다. 어쨌든 섭섭히 생각지 마시오, 그런 의미로 말한 것은 아니니까 …

칸트: 그렇다면 **내가** 뭘 의미했는지 아신다는 겁니까?

소크라테스: 물론이지요. 공간과 시간은 직관 형식에 지나지 않는다는 …

칸트: 알고는 계시는군요. 그런데 왜 그 생각을 고수하지 않으시는 거지요?

소크라테스: 천만에! 나 소크라테스 자체가 그 생각을 고수하고 있다는 산 증거입니다.

칸트: 그건 또 무슨 소립니까?

소크라테스: 자, 보시오. 고대 그리스 시대에 살았던 나 소크라테스는 당신의 순수이성비판을 줄줄이 꿰고 있습니다.

칸트: 아, 그런 뜻이었습니까? 좋습니다. 믿기로 하지요.

소크라테스: 바루흐 스피노자와 나는 … 그러니까, 우리는, 아, 그때 우리가 어떻게 말했더라 … 우리가 이승의 껍질을 쓰고 시장바닥을 오가던 그때 … 우리는 '영원'을 산다고 말하지 않았던가요? 지금 이 영원 속에 …

스피노자: 놀라운 역설이야!

소크라테스: 그때 영원이란 바로 동시성이었지요.

칸트: 그 말 아우구스티누스한테서 따온 것 아닙니까?

소크라테스: 누가 이 말의 임자라고? 누구한테서 따왔다고?

스피노자: 누가 먼저냐가 문제된 적이 우리에게도 한때는 있었지요. 하지만 지금 이 자리에서 우리에겐 먼저도 없고 나중도 없으며 첫째도 없고 둘째도 없습니다.

소크라테스: **우리는** 영원 속에 **있습니다.**

스피노자: **영원이** — 우리와 함께 있습니다.

칸트: 그래요, 좋습니다. 어차피 새로운 말은 하나도 없군요. 다시 한 번 묻겠습니다. 정확한 시간을 기재하라고 하신 의도가 뭡니까?

소크라테스: 부탁입니다, 칸트 교수님 … 영원성, 시간성, 동시성 — 도무지 어떻게 우리가 인간들로 하여금 이 모든 것을 알아듣게 한단 말입니까?!

칸트: 딴은 그렇군요 …

스피노자: 소크라테스가 옳았습니다, 교수님!

칸트: 이제 회의록을 작성하시죠, 스피노자 선생 …

소크라테스: 아, 한마디만 더 하겠습니다.

칸트: (쾌히 고개를 끄덕인다)

소크라테스: (일어선다. 헛기침) 여러분, 글쎄 어떻게 말씀드려야 좋을까요 … 한마디로 인간이 더 이상 이래서는 안 되겠습니다. 뭔가가 일어나야만 합니다. 오늘날 세간에서 살아가는 모습들을 보십니까? 도대체 어떻게 이해해야 좋을지 모르겠습니다. 믿음은 죽었습니다. 거의. 어떤 믿음도. 정치적 선전 따위는 더 이상 먹혀들지 않습니다. 인간은 이제 더 이상 서로를 신뢰하고 있지 않습니다. 자신조차도 믿을 수가 없게 되었습니다. 그리고, 무엇보다도 … 이념을 믿는 사람은 하나도 없습니다!

칸트: (낮은 목소리로) 이념은 규정적일 뿐!

스피노자: (낮은 목소리로) 근원적 이념이란 신밖에 없어요.

소크라테스: 말 갖고 싸우지 맙시다. 개념 놓고 왈가왈부하지도 말고. 내가 뭘 말하고 싶어 하는지 알잖아요. 매우 본질적인 문제 — 바로 인간의 존재 문제란 말입니다. 이것이 위태롭게 되어 있습니다! 두 번의 세계대전은 인간의 도덕성을 완벽히 폐허로 만들어 버렸습니다.

스피노자: 칸트 교수님, 소크라테스 얘기가 틀리지 않습니

다. 결과를 생각해 보세요. 대중들은 이제 아무것도 믿지 않습니다. 그리고 자기가 저지르는 일이 무엇인지 알거나, 아니면 적어도 알고 있다고 생각하는 소수자들, 그들의 손은 자유롭잖아요. 그들은 방황하는 대중들을 마음대로 좌지우지하고 있습니다.

칸트: 그렇군요. 하지만 우리가 할 수 있는 일이 어디 있겠습니까?

소크라테스: 인간들을 도와야지요. 누군가가 내려가야 합니다.

칸트: 낙관주의자이시군요. 현인 한 사람을 세상에 파견하자는 애깁니까?

스피노자: 모욕받고 경멸당할 거예요.

칸트: 아니면 예언자나 선지자 따위라도?

소크라테스: (어깨를 움찔한다)

스피노자: 어차피 다들 정신병원에 처박히고 말 겁니다. 요즈음 인간들이 어떤지 잘 모르시는군요. 이 시대에 — 예언자라니오! 도대체 뭘 생각하시는 겁니까?! 예언자는 다 미친놈 취급 받는다고요. 이 점 명심하시오, 소크라테스.

칸트: 분명히 말씀드립니다. 사람들은 어떤 현자의 말에도 귀 기울이지 않습니다. 고전적인 진짜 철학자의 말조차 외면당합니다. 누구도 그를 진지하게 받아들이지 않을 겁니다.

스피노자: 소크라테스, 내 말 믿어 주시오. 이것이 내가 전하는 메시지입니다. 아무것도 신뢰받을 수 없다는 것, 철학자는 패배할 거라는 것, 우리 모두 언젠가 한때 한없이 외로웠던 것처럼, 그 역시 골방 속에서 외로움에 치를 떨 거라는 것 … 하지만 이것 하나는 잊지 마시오. 오늘날 못 믿을 것 중에서 가장 못 믿을 것은 진리라는 것입니다. 진리를 설하는 자는 애당초 시대착오를 범하고 있으며 그의 말은 메아리 없는 외침으로 남을 뿐입니다.

소크라테스: 그러니 우리가 어떻게 했으면 좋겠습니까?

칸트: 현실적이고 진지하게 숙고할 일입니다. 뭔가가 일어나야 한다는 것 — 인정합니다. 하지만 어디서부터 어떻게 손을 써야 좋을까요? 어떻게 인간들에게 진리를 **가르칠 수** 있겠습니까? — 어떻게 인간들로 하여금 진리에 끌리도록 하겠냐고요!

스피노자: 하기야 하계에서 우리를 대변하는 사람들이 이를테면 유물론을 종식시키는 일 따위에 가장 힘겨워했다는 것을 생각하면 — **믿어 주시오**, 칸트 교수님, 유물론은 **오늘날까지도** 극복되지 않았습니다.

칸트: 하계의 달력으로는 올해가 어떻게 되지요?

스피노자: 1946년, 내 진작부터 말하려 했는데 …

칸트: 창피하군! 여러분이 할 바는 다 했던가요?

소크라테스: 손쓸 만한 수단은 다 아래로 내려보내지 않았

습니까! 교수직을 가진 사람들에게 충분한 영향력을 행사하기도 했고, 무게 있는 책을 쓰는 작자들을 돕기도 했고 …

칸트: 어떻게요? 그들에게 영감이라도 주었단 말입니까?

소크라테스: 물론이지요.

칸트: 고운 눈으로 봐드리기 힘들군.

스피노자: (실망한 듯) 소크라테스, 칸트 앞에서 그런 소리 하지 말라고 내가 부탁드렸을 텐데요. 칸트가 이미 영적인 것 꿰뚫어 보는 능력에 대해서 책도 낸 바 있는데, 어쨌든 자신은 그런 것 별로 좋아하지 않아요. 아시지 않습니까!

소크라테스: 그게 어쨌다는 겁니까? 인간들이 불쌍해 죽겠어요.

칸트: 당신이 정말 순수한 동기에서 그런다는 것은 인정하고 싶습니다.

소크라테스: 그래서 말인데 … 무슨 묘책이 있을 듯도 합니다. 별다른 반대가 없으시다면.

스피노자: 뭡니까?

소크라테스: 비웃지 마시오, 이미 내 시대 사람들과 이야기가 되어 있는 사항이니까 …

칸트: 그리스인들과요?

소크라테스: 그렇습니다.

칸트: 그래서요?

스피노자: 자, 자, 부끄러워하지 마시고 …

소크라테스: (약간 당황한 듯) 고대 그리스 비극작가들입니다.

칸트: **그래서요?**

소크라테스: 그들이 말했어요. 한 가지 방법이 있다고 …

칸트: 방법이라고?

스피노자: 속 시원히 털어놔 봅시다, 좀!

소크라테스: (힘주어) 예술입니다! 예술을 통해서만 하계의 대중들을 움직일 수 있다고 그들이 말했어요.

칸트: 재미있군요. 그리 나쁜 생각은 아닌 것 같은데!

소크라테스: (마음이 다소 풀리는 듯) 솔직히 처음엔 말하지 않으려고 했습니다만, 정말로 그것밖에는 길이 없다 싶어서 … 이 점 나는 확신하고 있습니다.

스피노자: 물론 예술은 우리에게 판타지를 제공하지요. 신화와 시를 주고. 그렇지만 진리를 가져오진 않잖아요? 그래도 우리가 이 길을 따라야 합니까?

칸트: 웃기는 반론이군요! 그러나 화내지 마시오, 바루흐! 예술이 인간에게 보여 주는 비현실성은 인간의 현실보다 훨씬 더 진리에 가깝게 다가서 있는 법입니다.

스피노자: 좋습니다. 그 문제는 접어 두죠.

소크라테스: 역사를 통해 얻은 경험들이 당신의 생각을 **반박**하고 있습니다, 바루흐.

칸트: 확실해요. 이건 다른 얘긴데 — 그렇다면 당신 생각을 어떤 식으로 실현시키지요, 소크라테스? 연극이라

도 상연해야 하나요? 극작가들에게 영감을 줄까요? 악마에게라도 물어볼까요, 뭘 알고 있는지?

스피노자: 칸트 교수 말이 맞습니다. 우리가 배우가 되어 인간들 앞에서 뭔가를 공연할 수는 없는 노릇 아닙니까?

소크라테스: 다른 방식으로는 그들에게 어떤 메시지도 줄 수가 없어요. 구체적인 인물의 형상화만이 무슨 영향이라도 미치지 …

스피노자: 그럴듯하지만, 결국엔 웃음거리가 될 거예요.

칸트: (비밀스럽게 뭔가를 암시하듯) 무엇보다 당신이 하는 연극은 공연 허가조차 얻어 낼 수 없을 테고.

소크라테스: 잠깐! 그런 건 내가 걱정할 문제요. 그보다 또 다른 문제가 있습니다. 인간이 아닌 자가 인간 곁에 다가가기 위해서는 인간이 되어야 하는데 …

칸트: 거듭 말씀드립니다. 당신은 공연 허가를 받을 수 없습니다. 두고 보십시오.

소크라테스: 교수님, 내 말을 똑바로 알아들으십시오. 연극 공연 같은 것은 내 애당초 생각도 하지 않았습니다. 인간에게 자기 현실로부터 뭔가를 끄집어내 보여 주어야 한다는 걸 말했을 뿐입니다. 그들로 하여금 자기의 진실을 깨닫게 하려면요.

스피노자: 자기 삶의 모습을 그려 보여 주어야 한다, 그런 뜻인가요?

칸트: 적나라한, 아니면 적어도 현실 속에서 가능한, 리얼

하게 드러나는 이야기 말인가요? 거기에 상응하는 도덕과 결부된 이야기, 그렇죠?

소크라테스: 바로 그거요 — 말하자면.

스피노자: 결코 나쁜 아이디어라고 할 수 없군요. 하지만 거기에 우리가 왜 필요하지요? 우리가 그 일과 무슨 상관이며 거기서 할 수 있는 일이 뭡니까?

소크라테스: 해설자 역할이죠.

칸트: (잠시 생각한 뒤) 적당한 것 알고 있습니까?

소크라테스: (웃으며) 다 준비되어 있습니다, 교수님.

칸트: 어떤 해설인데 그래요?

소크라테스: 실제로 공연할 때 들어 보세요.

스피노자: (갑자기 주저되는 듯) 사람들이 동참하지 않을 겁니다. 그 사람들이 뭐라고 할지 생각해 봤습니까? 시간과 공간의 통일성이 박살나고 말 거예요.

칸트: 미안하지만 그건 웃기는 소리요. 시간과 공간의 통일성이라 — 우리의 영원한 현재성이라는 관점에서 볼 때 그런 건 더 이상 문제가 아니지 않습니까!?

스피노자: 또 한 가지, 단 한 번으로 시인의 상상력이 결실을 맺도록 하는 게 좋을까요, 아니면 몇 번의 연속 공연에 우리가 동참해야 할까요?

소크라테스: 훨씬 간단합니다. 우리는 그저 단순한 사실 하나만을 선전하면 됩니다. 우리가 지금 진행하고 있는 바로 이 대화를 극화시켜 공연하는 거지요, 극장에서!

칸트: 그건 또 무슨 뚱딴지같은 소립니까?

소크라테스: 우리의 회의록을 지상의 무대에서 상연하도록 하겠다는 얘기지요.

칸트: 지금까지 한 모든 이야기와 앞으로 할 말들까지 전부를 극화시키겠다고? 우리에게 자랑스레 보여 주겠다던 게 바로 그겁니까?

소크라테스: 그렇지요, 바로 그 말입니다. 바루흐, 회의록이 어떻게 시작되었더라 …

스피노자: (읽는다) '회의록 작성자: 베네딕투스 드 스피노자; 소크라테스: 정확한 시간도 기록하셔야지요; 칸트: 잠깐! 이의를 신청합니다' — 기타 등등.

소크라테스: 멋지군 — 그리고 지금까지 우리가 한 얘기들이 바로 쭉 상연되는 겁니다. (엄숙하게) 자, 이제 우리 '비르켄발트를 위한 레퀴엠'을 여기 이 무대 위에 올려 놓읍시다.

스피노자: 안 돼요 — 비르켄발트에서는 독일어만 쓰니까!

소크라테스: 그래서요?

칸트: 베네딕투스, 우리가 지금 말로 말하는 것이 아니라 생각으로 말하고 있다는 것을 잊고 있나 보군요.

소크라테스: 모든 이가 우리 생각을 이해할 것입니다. 우리가 생각하는 것을 사람들마다 모국어를 듣듯이 알아들을 게 틀림없습니다.

칸트: 진리이기 때문이지요.

스피노자: 그렇겠군요 …

소크라테스: 이제 된 거죠? 자, 갑시다!

스피노자: (명랑하고 즐겁게) 막을 열어라!

칸트: 우리가 처음부터 무대 위에 올라와 있는 줄 몰랐나요, 베네딕투스? 막은 이미 열려 있는데 — 관객들이 처음부터 우리가 하는 걸 다 보고 듣고 했어요.

소크라테스: 아직도 어떻게 돌아가고 있는지 모르시겠소, 바루흐?

스피노자: (약간 어리둥절하면서) 알아요, 알아요 …

소크라테스: 아직 제대로 이해 못하시는 것 같은데 … 우리가 이미 극작가 한 명을 선정해서 배우들이 우리 역을 맡아 연기하고 있는 것처럼 한단 말입니다. (재미있다는 듯이) 우리가 배우들 마음속으로 들어가서, 말하자면 그들을 홀리고 있는 줄은 아무도 눈치채지 못할걸요. 또 소위 이 연극의 연출가라는 작자를 이용해 먹고 있는 줄도 … 이거 신나는 일 아닙니까, 안 그래요? 사실 제일 많이 속고 있는 사람들은 바로 저 관객들이겠지만 — 어쨌든 오늘은 저들도 연기자가 될 수밖에 없어요. 말하자면 관객 역할을 맡고 있는 거지요. 보세요, 저기 저 관객들은 **자신이** 관객 역할을 하고 있을 따름이라는 사실을 모릅니다. 그뿐 아니라 우리가 실제로 여기에 있고, 이 위에서 우리가 하고 있는 짓거리들이 현실이라는 것도 모르고 있잖아요!

칸트: 장난이 아닙니다, 소크라테스! 구체적으로 무슨 생각을 가지고 있는 거요? 어떤 내용의 연극이냐는 소립니다.

소크라테스: 나는 사람들에게 지옥의 한 장면을 보여 주려고 합니다. 그리고 인간은 지옥에서도 인간일 수 있다는 것을 증명해 보이고 싶어요. 마치 우리가 이곳 천상에서도 인간일 수 있는 것과 마찬가지로! 안 그렇습니까?

칸트: 맞아요, 맞아! 다행한 일이지요.

스피노자: 천만다행이야!

소크라테스: (칸트를 향해) 이런 걸 사람들은 — 무신론자라고 부른답니다 …

칸트: (웃으며) 자, 준비됐어요, 소크라테스.

소크라테스: (위를 향해 외친다) 영원과 시간 사이의 막을 열어라 … !

무대 중간에 처져 있던 막이 열리면, 어둠 속에 퇴락하고 황폐한 강제수용소의 막사가 보인다. 중간쯤에 작은 쇠화덕 하나 놓여 있다. 무대 위 막사의 오른쪽 끝은 보이지 않지만 왼쪽에는 출입문이 나 있는 것이 보인다. 앞쪽 좀 더 왼쪽에 작은 공간이 있고 무대 왼쪽 가장자리 경계면에서 시작하는 철조망 울타리가 막사 뒤로 무대 뒷배경 오른쪽까지 쭉 둘러쳐져 있다. 막사 벽을 따라 약간의 짚으로 덮인 무릎 높이의 나무걸상, 그 위에 몇몇 수용인이 걸터앉거나 누워 있다.

스피노자: 여기가 어디요?

소크라테스: 비르켄발트 강제수용소.

칸트: (독백) 끔찍하군 …

카포: (막사 뒤쪽으로부터 일군의 수용인들과 함께 무대 왼쪽으로 등장한 후 출입구 앞에 멈춤. 퉁명스럽고 거친 명령조로) 여기가 6동 9호 막사다.

프란츠: 빨리 빨리, 카알. 난로 옆에 자리 잡아.

카알: (절면서) 잠깐만, 빨리 못 걷겠어 — 왼발 땜에 …

프란츠: 내 팔 잡아!

카알: (잡는다) 이렇게 — 응, 됐어. (이때 다른 수용인들도 들어와 각기 막사 안에 자리 잡는다.·더러는 서성이고, 카포 퇴장)

프리츠: (에른스트에게) 부헤나우 수용소에서는 모포가 개인당 한 장씩밖에 지급되지 않았잖아. 더럽고 이가 우글우글했지. 너도 들었니, 막사장이 그 일로 더럽게 욕 퍼부었다는 거?

에른스트: 넌 참 구제불능의 낙관주의자야. 너처럼 그렇게, 차차 좋아지겠지, 하고 있어 봐, 어떻게 되나.

프리츠: 안 될 이유가 없잖아 — 에른스트, 넌 우리가 가스실로 가게 될 거라고 믿어 의심치 않았지? 근데 봐, 너 끈히 일반 수용소로 옮겨 오지 않았냐구!

에른스트: 안심하기엔 아직 일러. 네가 카포가 되어 실컷 처먹기만 할 팔자가 될 때까지 기다릴 거야? 그래, 기

다려 봐, 끝장 날 때까지 — 놈들은 어차피 우리 모두를 죽이고 말 테니까. 두고 보면 알게 될 거야.

프리츠: 진정해. 그렇게 되리라는 것을 증명할 수 있을 때 다시 얘기하자. 네가 그것을 증명하지 못하는 한 **나는** 살아서 여기를 빠져나갈 수 있다는 **확신**으로 행동할 것이다.

에른스트: 마지막이 올 때까지 기다릴 수 없어. 실망하게 되는 것이 너무 무섭다.

프리츠: 실망을 이길 수 없을 거라고? (웃는다)

에른스트: 넌 아직 웃을 기운이 남았구나.

파울: (모두에게 큰 소리로) 빵자루에 담배 두 개피 꼬불쳐 둔 게 있어! 지난번 노동의 프리미엄이야. 어, 담배 어디 갔지? 어떤 놈이야, 어떤 놈이 슬쩍했어?!

프란츠: 아, 정말 끝도 없구나! 그래도 우리끼린 친군 줄 알았는데 …

카알: 훔치긴 누가 훔쳤다고 그래 — 여긴 같은 동족들뿐이잖아.

프란츠: 오토 같은 새끼도 있었지, 생각 안 나니?

카알: 맙소사 — 하지만 이미 치러야 할 대가를 치렀는걸.

에른스트: 그것도 사필귀정인가? 소시지 한 조각 훔치고 가스실로 직행하는 것도?

칸트: (세 사람 이야기를 듣고 있다가 수용인들 사이에 섞여든다) 참 멍청한 녀석들이야, 바루흐. 세속적 차원에서는 선행과

행복 사이, 도덕적 행위와 돈벌이 사이에 손익 계산이 가능하다고 여겨지는 모양이지?

스피노자: 베아티투도 잎세 비르투스 — 행복이 덕이로다; 그리고 마음 바른 자만이 진실로 행복할 수 있는 법.

칸트: (조급히) 알아요, 안다니까. 하지만 그대는 모든 걸 오로지 한 차원으로만 투사시키고 있어요. 일원론 하나에 의지한 채!

소크라테스: 우리 싸우지 맙시다. 생사가 걸린 문젭니다.

칸트: 오, 소크라테스, 왜 인간들은 도무지 아무것도 배우려 들지 않는 걸까요?

소크라테스: 그래요. 그들이 철학책을 읽지 않는 한 그들은 자신의 철학적 오류를 피와 고통, 곤궁과 죽음으로 갚음할 수밖에 없을 거요. 그러나 생각할 일입니다. **우리** 역시 우리의 철학적 **지혜**를 피와 고통, 곤궁과 죽음으로 갚음해야 하지 않았던가요?

스피노자: 옳습니다, 교수님!

카포: (문을 박차고 들어와 소리 지른다) 꿈꾸지 마, 개새끼들아, 오늘은 아무것도 처먹을 수 없을 줄 알아. 너희 구린내 나는 패거리들을 위해 준비된 양식은 없어. (퇴장)

에른스트: 찬란한 밤이군 — 이틀 내리 굶고 이 밤도 시린 배 움켜쥐고 보내야겠지, 적어도 내일 아침 희멀겋게 식은 국물 한 그릇 얻어 챙길 수 있을 때까지.

카알: (프란츠에게) 프란츠야, 프란츠야, 내가 늘 그랬지. 넌 날 따르지 말았어야 했다고.

프란츠: 의무라 생각한 적은 없어. 그냥 그럴 수밖에 다른 길이 없었을 뿐이야. 그게 어떤 건지 너도 알잖아.

카알: 응, 알아. 너의 그 끝없는 자기 죽이기. 이제 그것이 나한테까지 온 거야. 솔직히 말해서 그래. 볼래? 넌 얼마든지 미국으로 도망칠 수 있었잖아. 그런데 안 갔어. 우리 식구들을 버려두고 싶지 않았던 거지. 하지만 그래서 얻은 게 뭐야? 널 게슈타포의 손에서 구하기 위해 네 누이가 희생되고 말았어. 에뷔를 그렇게 앞세우고 네 아버지마저 슬픔과 홧병에 못이겨 세상 뜨시고. 그리고 이젠 **내** 차례야. 엄마 혼자 남았어. 살아 계실까? 신만이 아실 일이야.

어머니: (작고 소박한 모습으로 어깨에 숄을 걸치고 무대 오른편에서 등장. 그곳에서는 막사 입구가 보이지 않는다. 슬픈 얼굴) 아마 여기들 있을 거야. (아들 곁에 간다)

카알: 그렇게 희생은 계속되겠지. 끝이 보이질 않아.

프란츠: 그런 식으로 말하지 마라, 카알. 우리가 삶이라고 부르는 이 처절한 것도 다른 어떤 것을 위해서 매 순간 내던져 버릴 준비가 되어 있지 않다면 아무 의미도 없고 살아 볼 가치조차 없는 것 아니겠니? 너도 알잖아.

카알: 다른 어떤 것, 뭐, 그게 뭔데?!

프란츠: 네가 부르고 싶은 대로 부르렴. 하지만 그게 뭔지 너도 느낄 거야. 내가 그렇듯이. 우리는 그게 뭔지 적어도 어렴풋이는 알고 있어.

카알: 그래도 한계가 있는 법이다. 너 역시 쉽사리 목숨을 내던지지는 못할걸 …

프란츠: 그 희생이 의미 충만할 바에야 못할 것도 없겠지.

카알: 글쎄, 그러니까 무엇이 의미 있는 거냐고! 우리 모두가 결국 형장의 이슬로 사라지는 것?

프란츠: 그럴지도 모르지. 이 진창 같은 삶은 우리가 진창 속에 처박혀 있는 한 어쨌거나 무의미한 것일 수밖에 없을 거야. 자신을 희생시킬 각오가 되어 있지 않은 사람은 언제까지나 단세포동물처럼 살다가 사라져 갈 뿐, 그 삶은 참 허무하고 의미가 없어. 그러나 제 구차한 목숨 하나 내던질 준비가 된 사람에게는 죽음까지도 의미 충만하지. 이것이 내 속 생각이다. 우리가, 우리가 여기에 있지 않았다면 입 밖에 낼 필요도 없었을 …

칸트: 다들 들었습니까, 여러분?

스피노자: 솔직히 말해서 나는 그들을 믿지 않습니다.

소크라테스: 차차 진실이 드러나겠지요.

어머니: (수줍고 겸손한 모습으로 철학자들 앞에 나타난다) 죄송합니다, 선생님들. 절 이해해 주시겠죠. 사실 저 아이들은 내 두 아들이랍니다. 내게 주어진 마지막 소중함들이었

지요. 대견하고 멋있지 않나요? 갸륵한 아이들 아닌가요? 약간 어리석을 따름이지, 암, 어리석다마다! 프란츠는 얼마든지 미국으로 달아날 수 있었어요. 때늦지 않게, 선생님들, 이걸 아셔야 합니다. 하지만 그 녀석은 가지 않았거든요. 여기 남았어요. 제 부모 곁에. 왜 그랬는지 난 알아요. 우리를 버려놓기 싫었던 게지요. 그래요, 그게 전부였습니다. 남편과 제가 빌었답니다. 제발 떠나라고요. 그랬더니 글쎄, 그 애가 뭐랬는지 아세요? — 아녜요, 엄마, 전 여기 남겠어요. 여기서도 얼마든지 잘 지낼 수 있는데요, 뭘. — 이해하시겠어요? 그 아이는 우리 때문에 못 떠나는 걸 끝까지 감추고 싶어 했답니다.

칸트: (달랜다) 참으로 생각이 깊은 아드님을 두셨습니다, 아주머니.

스피노자: 정말 착한 사람이로군요.

소크라테스: 아주머니, 너무 상심 마세요. 우리가 아드님을 돌봐 드리겠습니다.

어머니: (연신 절하며) 감사합니다. 정말 감사드려요. 근데 — 선생님들은 도대체 누구신가요?

칸트: 우리가 신분을 밝히는 것 별로 좋아하지 않는 줄 아주머니도 잘 아시잖아요. 아마 잊으셨나 보군요.

어머니: 결례를 했군요. 용서하십시오. 저는 그저, 선생님들께서 제게 뭔가 한 마디 언질을 주실 수 있는지 알고

싶었을 뿐입니다.

스피노자: 우리가 어떤 말을 해 드릴 수 있을지 …

어머니: 두 아들이 미치게 보고 싶어요. 죽도록 고통받고 있는 모습이 자꾸 눈에 밟혀서 … 두 아들이 제 품에 돌아올 수 있도록 해 달라고 부탁드리고 싶었답니다.

칸트: 그건 가능한 일이 아닙니다, 아주머니.

스피노자: (낮은 목소리로 칸트에게) 그래도 한번 시도해 볼 수는 있는 문제 아니겠습니까, 교수님?

소크라테스: 아서요, 바루흐. 그런 일에는 개입하지 맙시다. 달리 노력해 보기로 하죠. (어머니에게) 마음으로 아들 곁에 굳건히 서십시오. 우리도 최선을 다할 것을 약속드리리다.

어머니: (감동되어) 감사합니다, 선생님들, 정말 감사합니다. 저를 믿으세요. 제 아들들은 그럴 만한 가치가 충분히 있는 아이들이랍니다. 여기 좀 보실래요? 자, 여기. (손가방에서 편지와 작은 소포 나부랭이들을 부스럭부스럭 끄집어낸다) ― 이거 모두 그 애들한테서 받은 거랍니다.

스피노자: 아니, 어떻게? 수용소에서는 서신이나 소포 발송이 금지되어 있을 텐데 …

칸트: 대관절 내용물이 뭐죠?

소크라테스: (자세히 본다) 오 ― 아직 모르시겠소? 이것은 어머니를 향한 두 아들의 그리움입니다. 생각이죠. 어머니에게 바쳐진 그들의 기도이기도 하고 … 이런 것을

나는 은총이요 선물이라고 부릅니다.

어머니: (긍지에 넘쳐서) 맞아요 — 그렇죠? 아름답기 그지없는 생각들. 매일같이 씌어진 편지, 그리고 소포 … 어찌 아이들이 자랑스럽지 않을 수 있겠어요? 보살피고 돌볼 만한 값어치가 있는 아이들 아닙니까?

칸트: 옳은 말씀입니다.

스피노자: 여부가 있나요.

소크라테스: (물건들을 어머니에게 돌려준다)

칸트: (철학자들에게) 아, 모든 것이 의미를 지니며, 의미는 그 의미가 부여되는 사실 자체 이상이라는 것을 사람들이 알기나 할까요 …

스피노자: 칸트 교수님, 사람들이 그것을 깨달았을 때 어떤 반응을 보일지 상상해 보세요 — 그들이 느낄 경이감이란! 이를테면 철학교수들이 당신에 관해 쓰는 논문들이 하나같이 지금 이 순간 …

소크라테스: 지금 이 순간? — '영원히'라고 말하려 했던 것 아닙니까?

스피노자: 그래요, '영원한', 여기 놓인 당신의 영원한 책상 위에 별쇄본으로 날아드는 것을 알게 될 때 느끼는 놀라움이란 또 얼마나 엄청난 것일까요!

소크라테스: 그들이 현세에서는 생각해 본 적도, 발표해 본 적도, 출판해 본 적도 없는 위대한 사상들이, 이곳 천상에서는 진작에 출판되어 그 파산한 저자가 승천해

올라오기만을 기다리면서 저를 맞이할 준비를 하고 있다는 사실, 이런 사실을 그 철학자들이 안다면 또 얼마나 놀라겠습니까? 물론 그것이 진짜로 위대한 사상인 한에서 하는 말이지만.

칸트: 왜 우리 동업자들만 생각하고 그래요? 예술가들도 있고, 음악가도 있는데 … 슈베르트가 우리에게 다가와 눈물로 자신의 B 단조 교향곡 악보를 넘겨주던 그 — 영원한 — 순간을 어찌 기억하지 못하십니까? 그것도 '미완성'으로 …

소크라테스: 그때 천사들이 무엇을 연주했는지, 교수님 기억나십니까? 그것은 끝날 줄 모르는 찬미가였습니다.

스피노자: 그리고 간간이 미완성 교향곡의 주제가 흘러나오곤 했죠.

칸트: 예, 예, 그걸 누가 모르겠습니까 …

카알: 살아 계실까, 엄마 …

프란츠: (가라앉은 목소리) 엄마, 살아 계신 거예요? 엄마, 살아 계신 거죠, 그렇죠, 엄마? 대답해 보세요, 엄마, 살아 계시죠?

카알: 무슨 생각 해? 왜 아무 말 않고 그러고 있어? 왜 그렇게 침묵만 지키고 있는 거야, 프란츠?

프란츠: (더욱 낮은 목소리로, 깊은 생각에 잠겨) 엄마, 살아 계세요? 말해 봐, 엄마, 살아 계신 거죠?

카알: (참지 못하고) 뭐라고 말 좀 해, 프란츠!

어머니: (더 가까이 다가서며) 프란츠야, 난 말할 수 없단다. 그걸 말하면 안 돼. 하지만 상관있니? 내가 살았는지 죽었는지? (감동적인 강렬함으로) 내가 이렇게 네 곁에 있지 않니? 어떤 모습으로든 — 어차피 이렇게 네 곁에 있는걸!

프란츠: (어머니와 말이 엇갈린다) 엄마, 말 좀 해 주세요, 살아 있어요?

카알: 제발 내 쪽으로 보고 한마디만 건네 봐 — 나 이제 막 무서워지려 그래. 너 머리가 어떻게 된 거 아냐?

프란츠: (흠칫 놀라서) 뭐라고? 아니 — 그냥 무슨 생각 좀 하느라 그랬을 뿐이야. 그만두자.

어머니: (철학자들에게) 들으셨죠? 아들이 날 생각하고 있잖아요! 계속 나만 생각하고 있잖아요.

스피노자: 그래요.

어머니: 그 아이는 회의에 빠져 있어요 — 이제 내가 무엇을 해야 되나요? 내 아들이 회의에 빠져 괴로워하지 않도록 내가 무엇을 할 수 있을까요?

칸트: 하실 수 있는 일이 없습니다, 아주머니. 기다리세요 — 그리고 아드님께도 기다리라고 하세요 …

어머니: 하지만 그 애를 돕고 싶은걸요 …

소크라테스: 그를 위해 할 수 있는 일이 없다니까요.

어머니: 두 녀석 다 제대로 챙겨 먹지도 못했을 텐데 …

검은 천사: (어머니와 마찬가지로 오른쪽에서 입장; 철학자들에게) 빌어먹을, 하필 내가 찍힐 게 뭐람!

칸트: 뭔데?

소크라테스: 또 무슨 일이야?

스피노자: 당신들한테는 항상 뭔 일이 생기더라.

검은 천사: 나 내려가야 돼요 — 밑으로, 그들에게.

칸트: 내려가서 뭐 할려고?

검은 천사: 그 여자가 탄원서를 냈어요. 아이들을 데려오고 싶대요.

스피노자: 그런데?

검은 천사: 그들에게 가야죠. 가서 시험해 봐야죠.

칸트: 지금 이 모습으로?

검은 천사: 아, 무슨 말씀 …

소크라테스: 변장이라도 하겠다고? 신분을 감추고?

검은 천사: 물론.

스피노자: 어떻게? 뭘로?

검은 천사: 나치 친위대원 — 고르고 골라서.

칸트: 재미있군!

검은 천사: 좋아서 하는 짓이 아니라니까. 내가 걸렸을 뿐이지, 친위대원으로.

스피노자: 그래서 어떻게 하겠다는 거지?

소크라테스: 들었잖습니까, 바루흐. 시험하겠다잖아요.

검은 천사: 그들을 괴롭혀야 해 — 마지막 피 한 방울까지 쥐어짜 가면서 고통을 안길 거야. 그래야 그들의 참모습을 알 수 있거든. (천사 오른쪽으로 퇴장; 동시에 막사 뒤 왼쪽에서 친위대원 등장)

친위대원: (문을 열어젖힌다)

파울: (차려 자세로) 차렷! 97126번 신고합니다! 신입 죄수 16명, 제6동 9호 막사에 입실 완료!

친위대원: 118103번!

카알: (일어선다) 예!

친위대원: 나와, 이 새끼야!

카알: (서두르며, 작은 목소리로) 안녕, 프란츠. 약해지면 안 돼! (친위대원에 끌려 퇴장)

어머니: (겁에 질려, 철학자들에게) 도대체, 도대체 저 아일 어쩔 셈이죠?

칸트: 두려워하지 마세요, 아주머니. (힘주어) 이것이 저 아이에게 주어진 최선의 길입니다.

어머니: (걱정스럽게) 고문할 거예요. 뭔가를 알아내려 할 거라고요. 고통스러울 거야, 카알, 내 아들!

스피노자: 조금 전까지 여기 서 있던 천사 못 보셨나요? 아드님께서는 시험당하고 있을 뿐입니다.

어머니: (괴로워하며) 시험이라뇨, 왜요? 내 아들은 내가 책임집니다!

소크라테스: 아주머니가 가치의 척도는 아닙니다. 우리 모두가 기준일 수 없어요.

어머니: 정말로 이것이 그 애가 가야 할 최선의 길이라고 생각하시나요?

칸트: 예. 아마 아드님을 생각보다 일찍 만나게 되실지도 모르겠군요.

어머니: 하지만 겪어야 할 고통이 너무 끔찍할 거예요.

스피노자: 고통이라 … 과연 고통이란 게 뭘까요 …

소크라테스: 정말 몰라서 그러는 거요?

어머니: 그런 말은 당신들끼리 하세요. 하지만 어미 앞에서는 입에 올릴 말이 아닌 것 같네요, 선생님들. 적어도 어미 앞에서만큼은 … (망연자실하여 프란츠 곁에 앉는다)

프란츠: (가라앉은 음성으로) 엄마, 카알을 도와주세요. 그 앨 붙들어 주시는 거죠, 엄마!

어머니: 그 애는 잘 있단다, 애야. 그러니 걱정마라.

프란츠: (미동 않고) 엄마, 도와주세요!

파울: (프란츠의 다른 쪽 옆에 앉아 있다) 왜 말이 없는 거야?

프란츠: (흠칫 놀라며) 왜 그래?

파울: (궁금한 듯) 네 동생한테 무슨 일 있는 거니? 이송자 명단 가지고 사기라도 친 거야?

프란츠: 그런지도 모르지.

파울: 꼭 그래야만 했어? 가명으로, 가짜 죄수번호 써넣고 — 간단한 일이지만 어쨌거나 얻는 게 많긴 해.

프란츠: 우린 같이 있고 싶었을 뿐이야. 근데 쬐그만 체코 녀석 하나가 어떻게 하든 그곳 부헤나우에 남고 싶어 했지. 녀석은 그쪽 수용소 왕고참하고 잘 통했거든. 왕고참이 저녁마다 수프 한 그릇씩을 더 꼬불쳐 뒀다가 챙겨 주곤 하더구나. 그것이 녀석에겐 매일 제 삶을 구원하는 길이었어. 그 수용소에 남아 있는 한 계속 그렇겠지.

파울: 그래서 어떻게 됐어? 한데 그 녀석이 이송될 뻔한 거야?

프란츠: 응. 카알에게 이름과 번호를 바꿔치기하자 그러더라. 그래서 우리가 함께 올 수 있었던 거야. 그 쬐그만 체코 녀석은 자기 왕고참과 수프 곁에 머물 수 있었고.

파울: 거 봐. 제법 괜찮은 일이잖아.

프란츠: 그쪽 수용소 왕고참은 이미 그런 일에 이력이 나서 자기도 찬성했어.

파울: 그래서? 만약 네 동생이 그 녀석을 불어 버리기라도 하면 너희 넷 다 무사하지 못할 거야.

프란츠: 아무것도 두렵지 않아.

파울: 초연한 척하지 마 — 왜, 아무도 집에서 널 기다리는 사람이 없니?

프란츠: (다시 깊이 가라앉는다) 엄마, 살아 계세요?

어머니: 그래, 네 곁에 있다, 아가야, 이렇게 네 곁에 있잖니? — 믿어 보렴!

프란츠: (혼잣말로) 아, 엄마, 살아 계신지 알기라도 했으면 …

파울: 또 뭘 그렇게 혼자서 골똘히 생각하니, 이 답답한 인간아! 기운 좀 내 봐 — 두고 볼 일이잖아.

프란츠: 그래, 두고 볼 일이다.

친위대원: (카알을 데리고 와서 막사에 처넣는다) 그래, 이 새끼야. 네가 어떤 새낀지 한 번 더 생각해 볼 기회를 주지. 5분 후에 다시 올 테니까, 그때까지 불지 말지 잘 생각해 둬. 아마 부는 법을 배워 두는 게 좋을 거야. (퇴장)

스피노자: 음, 훌륭해 — 친위대원 역할을 완벽히 해내고 있어. 보셨지요, 여러분?

칸트: **친위대원이잖아요**.

스피노자: 천사잖아요!

칸트: 그렇지요 — 하지만 친위대 복장으로 친위대원 노릇을 하고 있는 동안 만큼은 자기가 천사란 걸 스스로도 모를 겁니다.

스피노자: 이해가 안 가 — (순진하게) 자기가 하늘에서 떨어져 갑자기 거기 서 있게 되었다는 걸 모른단 말이오? 과거도 없고, 스스로의 운명도 지니지 않은 채! — 그걸 모를 리가! 결국엔 알아챌 텐데!

칸트: 이런 앞뒤 꽉 막힌 사람 — 베네딕투스, 잊지 말아

요! (조급히, 뭔가를 가르치듯이) 그는 우리의 특파원입니다 — 그쪽에서 볼 때야 물론 아주아주 오래 전부터 아랫 세상에 있은 듯하겠지요. 자기 과거와 운명을 지니고, 부모와 조상도 있고, 마누라와 자식들도 거느리며 …

소크라테스: 우리가 서 있는 이곳은 저쪽 세상과 차원을 달리합니다. 시간과 공간을 넘나들어요. 저들과 관계를 맺고 있음이야말로 우리가 쓰는 속임수일 뿐 — 그래요, 연극 공연에 필요한 속임수일 뿐입니다!

스피노자: 하지만 아까는 모든 것이 현실이라 하지 않았던 가요? 현실보다 더 현실적인 것이라고 하더니 — 진실 이라더니, 이제 와서 한갓 연극 놀이에 불과하다고?

칸트: 모든 것이 다 연극이오 — 그리고 아무것도 연극이 아니올시다. 우리는 어디서나 배우일 뿐, 한 번은 무대를 배경으로, 그리고 또 한 번은 선험성을 배경으로. 그러나 어차피 모든 게 연기이긴 마찬가지죠.

소크라테스: 우리가 맡은 역할이 **무엇인지** 우리는 알지 못합니다. **우리가** 무엇을 연기하는지 스스로조차 모른다고요. 각자의 역은 우리에게 너무도 불확실하게 주어져 있습니다. 우리가 읊어야 할 대사를 정확히 알 수만 있다면 그것은 우리의 기쁨일 것이오.

칸트: 무대 뒤에서 읽어 주는 대사에 귀를 곤두세워야지요. 양심이 절규하는 소리에.

어머니: (어느새 입장하여 토론의 끝머리를 엿듣게 된다. 무구한 태도

로) 그렇다면 누가 우리 연기를 보고 있나요, 선생님들? 말씀해 주세요!

스피노자: 순진무구한 관객들이지요. 저 사람들은 너무 순진해서 우리가 지금 **연기를** 하고 있는 줄 안답니다.

소크라테스: 아, 지금은 **저 사람들이** 연기하고 있네요. 관객 역할을 맡아 하고 있어요.

칸트: 맞아요 — 저들은 언제나 연기를 하고 있지요. 서로 앞에서, 그리고 자기 자신 앞에서조차 저들은 연기에 물들어 있습니다.

어머니: (진심으로) 그럼 누가 우리 모두의 연기를 보고 있느냐고요! 누군가가 있어야 할 것 아녜요 — 누군가가 우리를 보고 있어야 되잖아요, 어디서건 …

칸트: 무대에 처음 서 보십니까, 아주머니?

어머니: 예, 선생님.

칸트: 저기 앞에 무엇이 보이지요? (객석을 가리킨다)

어머니: (눈을 가늘게 뜨고) 아무것도, 조명에 눈이 부셔요 — 검은 구멍 같은 게 커다랗게 보이는데 …

칸트: **그래도** 저기 관객들이 있지 않으냐고 묻는다면요?

어머니: (신뢰 충만한 눈으로 쳐다보며) 그렇게 말씀하시면 믿겠습니다.

칸트: 그렇지요 — (단호히) 믿으셔야 합니다. 알 수가 없기 때문이지요. 우리가 하는 삶이라는 연극, 이 연극의 위대한 관객이 누구인지 우리는 아무도 모릅니다. 그는

비르켄발트를 위한 레퀴엠 · 205

어둠 속에, (객석을 가리키며) 저기 객석 어딘가에 앉아 있겠지요. 하지만 관객은 우리를 지켜보고 있습니다, 움직이지도 않고 — 나를 믿으세요, 아주머니.

스피노자: 그를 믿으세요!

소크라테스: 우리를 믿으세요!

어머니: (확고하게) 예 — 믿어요 …

프란츠: 그래서 어떻게 할 건데?

카알: (프란츠에게 그간의 일을 전하며) 죽어도 불지 않을 거야.

프란츠: 그럼 넌 내게 안녕을 고하게 되겠구나, 영원히.

카알: (부드럽게) 형 — 그럼 나더러 어쩌라고! 왜 — 나는 왜 한 번도 형 입장에서 내 마음을 털어놓을 수 없는 거야? 그래 — 오늘은 **내가** 희생하고 싶어. 오늘에야 내 삶을 의미 있게 만들 수 있을 것 같아. 형이 늘 하던 말이잖아. 나 오늘 의미 있는 죽음을 맞으려 해!

프란츠: 그러지 마, 카알, 마음이 너무 아프다.

카알: (더욱 뜨거운 마음으로) 언제부터 우리 형이 이렇게 약해진 거야? 형! (프란츠의 어깨를 감싸 안으며) 형은 늘 입버릇처럼 말하곤 했지. 고통도 삶의 일부라고 — 고통도 의미 있는 거라고 말야.

프란츠: 그건 그래. 하지만 사람이 고통 중에 있을 때, 그 고통을 감당해 내지 않으면 안 될 때 — 혹은 자신의 진실을 입증해야 할 상황에 처하게 됐을 때 —

카알: 응, 그때 비로소 고통의 진정한 의미가 드러나는 것이고. — 말로써가 아니라, 행위로써 삶의 진실을 입증할 수 있을 때만 모든 언설이 진실한 것으로 '드러나는' 법이니까. 근데 형, 나 아직도 형한테 더 배워야 돼?

프란츠: 카알!

카알: 형!

친위대원: (왼쪽에서 입장)

파울: 차렷!

친위대원: 너 이 새끼, 나와! 이 새끼 어디 갔어?

카알: 여기 있습니다. (낮은 소리로, 프란츠에게) 진실이 뭔지 보여 줄 거야 — 나의 진실을 지키고 싶어 — 이겨 낼 수 있어, 내가 치러 내야 할 시험들!

프란츠: (쥐었던 손을 말없이 놓아준다)

친위대원: (카알과 함께 퇴장)

어머니: (철학자들에게, 겁에 질리고 염려스러워서) 이제 시험이 시작되겠지요, 선생님?

칸트: 예 — 이제 시험이 시작될 겁니다.

파울: (천천히 프란츠에게) 시간이 됐어, 그렇지?

프란츠: 그래, 하지만 그 애는 꼭 승리할 거야. 시험에 이길 거라고 했어. 내게 약속했다니까.

파울: 멋진 친구잖아? 모든 걸 다 갖추었어. 네가 그 애를

자랑스럽게 생각할 만하다. 형으로서.

프란츠: 그 애는 나하고 달라 — 나는 말만 하고 — 걔는 행동하거든.

스피노자: (오른쪽으로 먼 곳을 바라보며 흥분한다) 저기 보세요, 교수님 — 녀석이 그 아일 개 패듯 하고 있어요.

칸트: 잘 안 보이는데 — 누가, 그 천사가?

소크라테스: 그래요, 그 천사가.

스피노자: 쓰러졌군 — 벌써 피범벅이야.

소크라테스: 하지만 불지 않았어요!

칸트: 뭐라고? — 불지 않았다고? 그런 고문을 당하고도?

소크라테스: 그래요, 침묵하고 있습니다. 의연하게.

스피노자: (거세게) 저기 봐요 — 고통당하고 있어요. 끔찍한 고통이에요 — 아, 내가 도울 수만 있다면! 나는 대체 뭐 하는 놈입니까? 책을 썼지만 — 씌어진 책은 읽혀지지 않았고, 읽혀진 책은 이해되지 않았죠. 내가 저들에게, 저 인간들에게 정녕 아무것도 깨우쳐 준 게 없단 말입니까! 아펙투스 데시닛 에쎄 파씨오 … 삶은 고통이기를 그칠지라 … 그러나 저들은 어찌해야 할지에 귀 기울인 적 없었습니다, 저 인간들은.

칸트: (격앙되어) 의연히 견디는 일은 저 아이의 의무요 — 나의 정언적 명법을 저 아이에게 일깨워 줄 수 있다면 — 인간들아, 네 의지의 격률이 …

소크라테스: (슬프게) 알아듣지 못할 거요. (힘주어) 철학의 언

어로 말하지 말고 인간의 언어로 말하시오.

스피노자: 인간의 언어라니? 인간들은 몇 년 걸러 한 번씩 우리가 하는 말을 모든 언어로 번역하고 있어요!

소크라테스: 그들에겐 우리 이야기를 들을 귀가 없어요. 전혀 — 그런데 뭘 더 바라시오? 아무도 우리를 이해하지 못해요 — 스스로 깨닫기 전까지는. 제 스스로 생각하고 제 스스로 발견해서 스스로를 일깨우지 못하는 한, 그 누구도 우리가 무엇을 말하는지도, 무엇을 쓰는지도 제대로 알지 못할 것입니다. 우리라고 달랐습니까? 우리가 생각했던 바를 우리 역시 행동으로 실천해야 했습니다. 우리가 행동하지 못했을 때 우리는 어디서도 가치로울 수 없었고 어떤 영향력도 발휘할 수 없었죠. 적어도 나 개인의 경우는 그랬다고 봐요. 내가 다른 사람에게 영향을 준 게 있다면 — 영향을 준 게 있다면 — 그것은 나의 말을 통해서가 아니라 나의 죽음을 통해서였습니다 …

스피노자: 보세요 — 아직도 입을 열지 않고 있어요 — 아, 의식을 잃었군.

칸트: (활기차게) 여러분, 이 사건은 내 세미나의 좋은 자료가 되겠습니다. 이 세미나는 꼭 열어야겠어요.

스피노자: 무슨 세미나죠?

칸트: 자살한 사람들을 위해 개설된 세미나요. 그들을 상대로 세미나를 하는 거죠 — 현존재의 의미에 대해서.

스피노자: 세미나가 끝나면 그 사람들은 어떻게 되는 겁니까? 자살한 사람들이 강좌를 수료하면요?

칸트: 이송될 거요.

스피노자: 이송이라뇨?

칸트: 그러니까 — 태.지. 강제수용소로. 이 가엾은 악마들이 자기들끼리 장난삼아 붙인 이름이죠.

스피노자: 아직 태어나지 않은 아기들 말입니까? 아니 — 다시 태어나야 한다고요?

칸트: 예.

스피노자: 태.지. 강제수용소란 건 또 뭡니까?

칸트: 태양계 지구 강제수용소.

스피노자: 정말이지 가엾은 중생들이야, 또 거기서 태어나야 하다니.

칸트: 이제 이송 계획이 추진되기 시작하면 똑똑히 봐 두시오. 저들이 빠져 달아나기 위해 어떻게 발버둥들을 치는지. 이번에는 천사조차 자기가 맡은 호송 임무에 몸서리칠 테니까. (웃는다) 그러나 어차피 있어야 할 것은 있을 수밖에 없고, 되어야 할 것은 될 수밖에 없고, 그리고 다시 태어날 수밖에 없고.

소크라테스: 이제 어떻게 할 작정이오?

칸트: 그 장면들을 녹화해서 방영해야죠.

스피노자: 세미나 시간에 틀어 줄려고?

칸트: 그래요 — 하지만 아직은 좀 기다려야 합니다. 우선

그 아이가 시험에 최종적으로 통과하는 걸 보고 나서.

소크라테스: 봐요 — 애가 더 이상 움직이질 않아요.

스피노자: 친위대원이 군홧발로 짓이기고 있군.

칸트: 저 딱한 천사 녀석, 자기 임무가 어떤 짓이었는지를 깨닫는 날에는 …

스피노자: 아이가 더 이상 견뎌 내질 못하겠어요. 결국엔 불게 되겠죠. 이름을 댈 겁니다. 내기 할까요, 교수님?

칸트: 내기는 안 합니다. 하지만 내가 옳다는 것이 드러나게 될 거요. 당신 눈에는 저 아이가 투쟁하는 모습이 안 들어옵니까? 자신과 싸우고 있는 저 모습이! 그러나 그것도 이젠 마지막이군요. 바야흐로 최후의 순간이 다가왔습니다. 보세요. 저 젊은 친구, 훌륭하지 않아요? 강자는 맞을 때 더욱 빛나는 법 — 권투선수들 말로.

소크라테스: (소리친다) 저런 — (낮은 음성으로) 다 끝났어. 죽은 거야.

칸트: (의기양양해서) 해냈어요, 바루흐!

스피노자: 당신이 옳았어요. 당신이 이긴 게임이오.

칸트: (바쁘게) 급히 저 애가 필요해. 그렇지 않아도 세미나 자료가 딸려 헤매던 참인데. 인간이 자연의 본성보다 강할 수 있다는 내 말을 아무도 믿지 않더니, 자신의 본성까지 포함해서. 나더러 이상주의자라고? 더군다나 이상주의의 창시자라고? 여러분, 나는 현실주의잡니다. 믿으세요. 방금 보셨잖아요!

소크라테스: 우리 모두 같은 생각입니다. 인간들도 같은 생각을 할 수 있다면야!

스피노자: 모두가 스스로를 선하다고 여길 수 있다면 — 실제로도 선해지겠지요. 그러나 사람들은 더 이상 아무것도 기대하지 않고 살아갑니다. 남으로부터도, 그리고 자기 스스로로부터도. 그래서 자기 스스로에 대해서 더 이상 뭘 요구하는 법도 없지요.

검은 천사: (무대 오른쪽에서) 이젠 나도 지쳤어. 이런 일이, (괴로운 듯) 하필 나한테 이런 일이!

스피노자: (순진하게) 그 친위대원 어디 갔지?

검은 천사: 누구 말이오?

소크라테스: (성급하게, 미안한 듯이) 당신의 세속적 껍데기를 말하는 거야.

칸트: 그는 자신의 삶을 계속 영위할 것이오, 바루흐 — 인간 세상의 시간으로 그는 그곳에서 제 삶의 마지막 날까지 살아 있어야 해. 정의로운 운명이 생명의 종언을 고하는 바로 그날까지 — 속죄의 그날까지 …

검은 천사: 내려가야 해요 — 가서 그 아이 속으로 들어가야 해. 그런데 묻고 싶은 게 있어요. 어떻게들 생각하시죠? 저 아이 정말 대단하지 않아요? (오른쪽으로 퇴장)

칸트: 정말이지 대단해.

소크라테스: 저기 있군.

스피노자: 죽은 아이 말인가요?

칸트: 아니면 또 누가 있겠소?

어머니: 카알!

카알: 엄마! (포옹)

어머니: 프란츠에게 가 봐야지. (프란츠 곁으로)

프란츠: (파울에게) 다시는 돌아올 수 없을거야, 두고 봐.

파울: 나도 거의 그렇게 생각해.

프란츠: 이제 혼자 남은 것 같아, 이 땅 위에 …

어머니: 우리가 네 곁에 있잖니, 프란츠야?

카알: 이제 우리 둘 다 네 곁에 있단다, 프란츠야.

프란츠: 모르겠어 …

파울: 게다가 굶주림까지.

프란츠: 이리 와. 내게 소금이 조금 있어. (호주머니에 손을 넣는다) — 자, 핥아 봐!

파울: 고마워. 먹고 난 뒤의 갈증은 또 어떡해?

프란츠: 갈증 — 배고픔, 배고픔 — 또 갈증. 그래도 다행히 교대로 와 준다, 그치?

파울: 그래, 맞아 — 소금 좀 줘 볼래? (핥는다) 네 동생, 멋진 녀석이야. 뇌리에서 떠나질 않아.

프란츠: 왜 하필 그 애였지? 왜 꼭 그 애여야만 했냐구! 왜 전혀 엉뚱한 사람을 데려간 거야 — 하느님, 내가 더 시원찮은 놈인 줄 당신 아셨잖아요!

파울: 거 말도 안 되는 소리 좀 그만해 — 넌 우리들 가운데 제일 괜찮은 놈이라구. 제일 좋은 친구야.

프란츠: 넌 나를 몰라. 나에 대해서 뭘 안다고 그래?

파울: 그래, 좋아 — 너 사람 죽였니?

프란츠: 그런 셈이지 — 네가 들으면 웃을 거야.

파울: 역경이 널 실성케 했구나, 맞지?

프란츠: 너 펠릭스 아니, 저 부헤나우 수용소에 있던?

파울: 응, 알아. 왜?

프란츠: 내가 입고 있던 외투 기억나지?

파울: 응, 걔 거야?

프란츠: 맞아. 내가 한 끼 식사와 맞바꿨지.

파울: 네가 아니었어도 어차피 딴 놈이 빼앗아 갔을 거야. 근데 펠릭스는 나중에 환자동으로 옮기지 않았니?

프란츠: 물론 딴 놈에게 빼앗겼을 수도 있었겠지, 신발까지도. 여기선들 뭐 하나 안전한 게 있어? 우연이겠지만 그래도 그 외투 안 뺏기고 간직했을 수도 있었을 거 아냐? 그랬다면 생명을 보전할 수 있었을는지도 모르지, 필경 …

파울: 그땐 환자동으로 갔다 하면 어차피 모조리 가스실이었어. 정말이야. 회교도들뿐이었잖아. 노동능력 있는 사람 하나도 없었고.

프란츠: (완강하게) 어쨌거나 내가 그 애의 굶주림을 악용해 먹은 건 숨길 수 없는 사실이야. 그 아끼고 아껴 소중히

꼬불쳐 둔 빵 조각까지도. 만약에 말이다, **만약에** 펠릭스가 가스실로 가지 않았더라면, 또 **만약에** 그의 병이 나중에라도 나았다면, 그 앤 꼼짝없이 얼어 죽고 말았을 거야. 내 외투는 너무 얇고, 안감도 없거든.

파울: 만약에 … 만약에 … 만약에 '만약'이라는 두 글자가 없었더라면 나는 진작에 백만장자가 되어 있었을 거야. 그렇다면 너도 살인자일 수 있겠지. 내가 백만장자인 것처럼 말이다.

프란츠: 그렇게 말할 순 없어. 그리고 나처럼 그래서는 안 돼. 왜냐하면 결과가 모든 걸 결정하는 것은 아니기 때문이지.

칸트: 당연히 그가 옳아요.

스피노자: 나라도 그가 했던 것처럼은 안 했을 거요.

소크라테스: 뭘 더 원하시오? 적어도 그는 자신의 행위를 들여다볼 줄 알고 있지 않습니까?

스피노자: 너무 늦었어요.

칸트: 장담컨대 다시는 그러지 않을 거요.

파울: 우리들 중 그 누구도 천사일 수는 없어.

프란츠: 하지만 우리는 항상 결단하지 않으면 안 돼 — 언제나 새로운 것에 직면할 때마다, 매 순간. 왜냐하면 우리 중 어느 누구도 처음부터 악마였던 사람은 없기 때

문이란다 — 친위대원들도 마찬가지야, 나를 믿어.

파울: 애가 이제 서서히 미쳐 가기 시작하나 봐. 그 개자식, 지금쯤 네 동생이 놈의 양심을 꽉꽉 찌르고 있을 그 개자식이 악마가 아니라고?

프란츠: 아니야, 아닐지도 몰라 …

스피노자: 저 애가 꽤 가까이 접근하고 있어요 — 내기 할까요, 곧 모든 걸 알아차리게 될 것 같은데 — 우리 게임을 환히 들여다보고 있다니까요!

칸트: 아무도 검은 천사의 속을 꿰뚫진 못해요.

소크라테스: 내 일찍이 저 세상에 있을 때 한 늙은 유태인으로부터 오래 전해 내려오는 유태인의 신화 한 자락을 들은 적이 있지요. 세상은 서른여섯 명의 완벽하게 정의로운 사람들 덕분에 존속하고 있다는 겁니다. 하지만 누가 그 정의로운 사람인지는 아무도 몰랐대요. 그런데 어느 날 사람들이 그 정의로운 사람을 알아내자마자 그는 즉시 소환당했고 이 땅에서 사라져 버렸다는 것 아닙니까!

스피노자: 나도 그 이야기 알아요.

칸트: 또 뭡니까? 우리가 무슨 말을 하건, 이전에 이미 그 말을 해 놓은 사람들이 있다는 걸 아직 몰라서 그래요?

소크라테스: 그들이 없었더라면, 우리에게 불리한 일들이 더 많았을 거요.

에른스트: (그동안 막사 앞뒤를 서성이다가 이제 막사 안으로 들어온다; 서글픈 익살) 나 좀 봐! 철조망 뒤에 떨어진 감자 한 알을 낚으려고 반 시간을 밖에서 헤맸지 뭐야. 갖은 묘책을 다 짜낸 끝에 기어이 해냈지 — 자, 이걸 어느 분께 가져다 바친다?

파울: 이리 가지고 와, 임마! 그렇지 않아도 프란츠가 나와 함께 있는 동안 거의 굶어 죽을 뻔했어.

에른스트: (우스꽝스런 몸짓으로) 즐거운 식사 시간이 돌아왔습니다! 벌써 돌멩이가 다 됐군. 네 동생을 죽인 놈의 아가리에 이 감자를 처박아 넣어 버리라구, 프란츠!

파울: 제발 그 친구를 좀 편안히 놔두라 그랬잖아!

프란츠: (생각에 잠겨) 편안히 … 카알은 이미 평안을 찾았겠지 — 난 아직 아냐, 아직 멀었어. 죽기 전엔 결코 평안을 찾지 못 …

파울: 한심한 놈 — 그 씨도 안 먹히는 소리 이제 좀 그만둘 수 없겠냐?

프란츠: 네가 뭘 알아? 난 잡놈이야, 잡놈에 불과해.

파울: 넌 네 이웃을 위해 희생할 만큼 했잖아. 내가 알고 있어, 다 들었어.

프란츠: 그리고 **싶었지** … 아, 그래, 정말 그렇게 하고 싶었어. 많은 걸 하고 싶었다. 언젠가, 그래, 언젠가 이런 꿈을 꾼 적이 있단다 — 수용소에 갇힌 수용인들이 꿈에 보였어. 누군가 내게 물어보는 거야 — 그들을 위해

서 내가 대신, 그것도 자발적으로 죽어 줄 수 없겠느냐
고. 내가 그러마고 대답했지, 꿈속에서. 그런데 꿈속에
서의 그 순간만큼 충만한 행복을 느껴 본 적은 아직 내
삶에 없었단다. 정말! 그러고는 따라갔지. 길고 긴 철조
망 너머로, 다른 수용인들과 함께, 강제수용소로 — 지
금 우리가 있는 이곳과 비슷하기도 하고. 그 꿈이 있은
지 몇 달 후, 나는 진짜로 수용소 신세가 되었고, 그리
고 지금은 이곳에 있지만, 사실 아무것도 할 수가 없었
단다. 나는 비열한 약자일 수밖에 없었고, 친위대원이
나 카포들보다 눈꼽만큼도 나을 게 없는 놈이었다.

파울: 누가 누구를 더 의롭다 할 것이며, 또 누가 있어 타
인을 악하다 할 것인가!

프란츠: 이것 봐. 내 여동생은 달랐어. 수용소에서 빠져나
갈 수 있는 기회가 있었지. 그저 약간의 각혈을 위장하
기만 하면 될 일이었거든 — 팔을 찔러 피를 냈고, 손수
건에 침을 뱉어 그 피를 섞기도 했어 — 가래 끓는 소리
내는 연습도 해 가면서 — 그러고 나서는 탈출하지 않
았던 거야. 그냥 그렇게 **할 수 없었노라고** … 그 애가
그랬어.

파울: 병신 같은 계집애, **내가** 보기엔 그래.

프란츠: 그렇게 함부로 말할 성질이 아닌 것 같아. 모든 게
그렇게 단순하지만은 않아.

스피노자: **당신** 생각은 어떠시오, 칸트 교수님?

칸트: 나의 엄격주의를 자극시키지 마시오. 어쨌거나 그는 이미 많은 이의 피를 불렀으니까.

소크라테스: 그 애 말이 맞아요. 모든 게 그렇게 단순하지만은 않습니다.

프란츠: 하지만 난 포기하지도 않을 거야. 아직은. 이 수용소에서 나는 꿈꾸기를 계속하지. 다른 꿈. 나가면, **그때** 내가 하고 싶은 일들을 꿈꾸고 있어 — 때가 왔을 때.

파울: 뭘 하고 싶은지 물어봐도 되니?

프란츠: 차를 사고 싶어.

파울: 나두야 — 나도 그걸 꿈꾸고 있어.

프란츠: 이곳에서 나가자마자, 집에 도착하는 즉시, 처음 며칠은 차를 몰고 돌아다니는 거야. 온종일, 거리 거리를 — 목록에 따라.

파울: 그건 또 무슨 뚱딴지같은 소리야?

프란츠: 난 이미 오래 전부터 머릿속에 목록표를 작성하고 있었다. 거기엔 우리가 증오에 넘쳐 목줄기를 눌러 버리고 싶어 하던 사람들의 이름이 적혀 있지. 나는 증오를 예견했어. 사람들이 그들을 죽이려 들 거야. 하지만 그들도 남몰래 선을 행하곤 했었다는 걸 알아 헤아리는 사람은 아무도 없어. 내겐 제복 속에 몸을 숨긴 사람들의 명단이 준비되어 있다. 우리가 그토록 증오하던 그

제복 말이야. 그러나 이 제복 속에도 한 조각 심장은 뜨겁게 뛰고 있었다면, 너 믿을 수 있겠니? 그중엔 인간도 있었단 말이다. 모든 것에도 불구하고, 그들은 그때그때 자기들이 할 수 있는 일을 하고 있었던 거야. 이걸 아는 사람이 많지 않을 뿐이지. 이런 사람들을 돌보는 일은 이 극소수에게 짐 지워진 의무라 말하고 싶어. 백색 리스트, 이게 바로 그거야. 이 백색 리스트를 내가 벌써 준비해 두었다 — 이제 명단에 있는 사람들을 빨리 찾아가야지. 가서 이들을 돕고 구해야지.

파울: 이 자식 바보 아냐, 이거! 위험하기 그지없는 바보! 너 정말 사람을 놀라게 하는 재주가 있구나! 너 같은 놈을 뭐라고 하는지 모르지? 배신자다, 너는! 배신자!

프란츠: (부드러운 미소로) 배신자 — 누구를, 무엇을?

파울: 우리를, 이곳에서 신음하는 우리 모두를 — 네놈이 돕겠다고 나서는 바로 그 자식들로 인해 고통당해야 하는 우리 모두를!

프란츠: 나는 배신자가 아니다 — 아무도, 그 무엇도 배신하지 않았다. 무엇보다 한 가지는 배신한 적이 없어. 그건 바로 인간성이야.

파울: 네가 인간성이라고 하는 것이 바로 이런 거였니? 불한당? 범죄자? 벌받지 않고 정의로운 심판을 피할 수 있도록 도와주는 것?

프란츠: 정의의 심판 … 정의가 뭔데? 증오를 증오로 갚는

것? 불의에 불의로 맞서는 것? 다른 사람이 네게 저질렀던 악을 똑같이 되돌려 주는 것? 다른 사람에게 취급받은 대로 다른 사람을 취급하는 것? 그건 정의가 아니다. 불의에 불의가 꼬리를 물고 이어질 뿐.

파울: 눈에는 눈, 이에는 이 … 잊진 않았겠지.

프란츠: 내 앞에서 성경 들먹이지 마. 네가 성경 구절을 약간 잘못 이해하고 있다는 생각은 안 드니? 네가 그 의미를 정확하게 꿰뚫고 있는지 어떤지는 아무도 모르잖아. 그렇다면 내가 한 번 물어볼게. 하느님이 인류 최초의 살인자였던 카인에게 '카인의 표지'를 주신 뜻이 어디에 있다고 생각하니?

파울: 뻔하지 ─ 사람들이 그 살인자를 적시에 알아보고 그자로부터 자신을 보호하며, 거기에 상응하는 제반 행동을 취할 수 있도록 …

프란츠: 틀렸어! 카인의 표지는 카인에게 아무런 보복 행위가 가해지지 않도록 하기 위해 주신 거야. 사람들이 카인에게 아무 짓도 하지 못하도록, 하느님이 내리신 벌 이상의 벌을 인간들이 내리지 못하도록, 그래서 카인이 평안할 수 있도록 하기 위함이란다. 카인의 표지가 왜 생겼는지 이제 알겠니? 그 반대의 경우를 한 번 생각해 보렴. 살인은 멈추지 않았을 것이고, 또 다른 사람들이 살해당할 수밖에 없었을 것이며, 불의는 또 다른 불의를 낳았겠지. 사람들이 악을 동일한 악으로 되

갚아 나가기 시작했다면 말이야. 안 돼! 죄악의 사슬은 기필코 끊어 버려야 한다. 도대체 언제까지 인간이 불의를 불의로 갚아 나갈 수 있을 것이며, 악에는 악으로, 폭력에는 폭력으로 맞설 수 있단 말인가! 죄의 사슬을, 파울, 사슬을 … 그래, 바로 그거야! 마침내 사슬을 끊어야 해 … (나무걸상 위로 쓰러진다)

파울: 괜찮아?

프란츠: 응 — 그냥 조금 …

파울: 가만 있어 — 얼굴이 백지장이야. 여기 누워서 혼자 조용히 좀 있어 봐. 하지만 필요한 게 있으면 꼭 날 불러야 돼. 난 에른스트 좀 들여다보고 올게. 금방 숨을 거두고 말지도 몰라.

프란츠: 그래.

파울: 에른스트, 좀 어때?

에른스트: (거의 굶어 죽어 가는 사람의 알아듣기 힘든 말투로) 별로 좋지가 않아. (담담하게) 내일이면 너희들 곁을 떠나게 될지도 모르겠구나.

파울: (짐짓 꾸며서) 말도 안 되는 소리 하지 마. 나도 너처럼 이렇게 아파본 게 한두 번이 아냐.

에른스트: 할말을 했을 뿐이야. 내가 무슨 말을 하고 있는지 내가 알아. 오늘은 내가 여기 있지만 내일은 여기 있지 않을 거라는 것 — 이 사실을 안다는 건 참 야릇한

느낌이야. 그건 인정해야지. 내일 나는 어디에 있을까?

스피노자: '어디'라는 걸 삼차원적 공간 내의 어떤 장소로 이해하는 한 저 아이들이 현명해지긴 틀렸어. 도울 수가 없어.

칸트: 내 감히 주장하거니와 저들이 모든 것을 알지 **못하는** 편이 차라리 나아요. 저들이 모든 것을 안다면, 겉보기에 전혀 의미 없어 보이는 것 따위에 마음을 정할 필요가 없을 겁니다. 정해진 제자리 없이 다만 어디엔가 존재할 것에 대해서조차 — 볼 수도 없고 만질 수도 없을 곳에.

소크라테스: 자신의 다이몬을 찾을 수 있다면 그것으로 족하겠지요 — 내면의 소리, 이를 내가 다이몬이라 부른 적이 있어요. 흑백이 가려지듯 모든 것이 명백하다면 우리가 하는 모든 유희는 아무 의미도 가지지 못할 것입니다 — 그리고 우리는 결코 뜻하는 바를 얻지 못하게 되겠죠.

어머니: (몸을 기울여 프란츠에게) 애야, 괜찮니?

프란츠: (혼잣말로) 엄마, 엄마! 내가 왜 이러는 거야 — 어떻게 될려고 이러는 거죠? (천천히) 이게 죽음이라는 건가?

어머니: 나도 모른단다 — 설사 안다고 해도 말해선 안 돼.

카알: 조용히 기다려 봐, 형. 우리가 곁에 있잖아 — 두려워 말고.

프란츠: 카알, 네 곁에 갈 수 있다면!

카알: 형, 내가 이미 형 곁에 있어.

어머니: 듣지 못할 거야 — 그 애는 우리 얘기를 알아들을 수가 없어. 넌 그걸 몰랐니?

카알: 나를 아프게 하는 게 바로 그 점이에요, 엄마.

어머니: 익숙해질 거야. 머지않아 곧.

카알: 형도 곧 그렇게 되겠죠.

어머니: 그런 뜻이 아니란다 — 네 형이 우리 곁에 오면, 우리 사이엔 더 이상 말이 필요 없어질 거야.

프란츠: 내가 죽을 거라고? 얼마나 좋을까! 예전엔 늘 죽음이 두려웠어 — 하지만 이젠 죽는다는 게 어떤 건지를 알 것 같아. (얼굴이 밝게 빛나며) 나 이제 그대들 곁에 가까이 — 모든 이들 곁으로. 만유에로 …

스피노자: 이제 죽는 겁니까, 교수님?

칸트: 알아봐야죠.

소크라테스: 내가 보기엔 (에른스트를 가리키며) 그 옆에 있는 애가 먼저일 것 같소. 안 그렇습니까, 칸트 교수님?

칸트: **우리가** 아는 게 뭐가 있겠소?

프란츠: 아니면 아직 죽음이 엄습하지 않은 건가? 아직도 희망할 것이 남아 있단 말인가? 내게 주어진 일들을 마무리하도록 허락하실 건가 — 내 거창한 작업, 아직은 미완으로 남아 있는? 희곡을, (비애에 가득 차서) 꼭 하나

쓰고 싶었는데 … 조금 써둔 게 있긴 했지만 — 부헤나우의 목욕탕에 버려지고 말았어 … 엄마 — 카알! 그때 내가 얼마나 아팠는지 알아? 그리고 이제 그걸 완성할 수 있다는 희망조차 가질 수 없다면? 희곡 한 편을? (슬픔을 억누르며, 고통스럽게) 미완의 작품조차 내겐 남아 있질 않아 — 내게 남은 건 하나도 없어! 내일이면 나 역시 이 땅에선 아무것도 아닐지 모르는데, 카알, 너처럼, 그리고 엄마처럼.

카알: 엄마, 형 마음을 좀 어루만져 줄 수 없을까요? 좀 위로해 주세요.

어머니: 난들 어쩌겠니? 그 애는 우리를 볼 수도, 우리가 하는 말을 들을 수도 없을 텐데. 세상의 어떤 사람도 우리 생각을 읽어 낼 수가 없단다 … 이 상태에 만족할 수밖에 없지 않겠니? 누구나 자신의 길을 갈 수밖에 없단다, 끝까지, 혼자서, 각자가 각자에게 주어진 길을 말이지. 아무도, 그 어떤 것도 도와줄 수가 없어요 — 알겠니, 바로 이게 열쇠란다 — 스스로 자기가 가야 할 길을 찾아야 한다는 것.

카알: 그러니까 그게 바로 우리가 삶이라 불렀던 건가요?

어머니: 그래, 그걸 삶이라 불렀다 — 지금까지 우리가 이해하는 한에서는.

프란츠: 하지만 나는 용감히 싸울 거야 — 이 땅에 사는 동안, 여기 이 삶 속에서. — 삶이라고 했던가? 그렇다면

그건 죽음을 뜻하는 거야! 그래! 엄마 — 카알 — 하느님! 강하고 담대해야지! 나는 — 단념 — 해야 해! 그래! 완성을 포기하는 거다 — 희곡을 완성하는 일에 더 이상 집착할 이유가 없어!

스피노자: 들었죠? 희곡의 완성을 — 포기한대요.
소크라테스: 그리하여 그는 자기 자신을 완성시키게 되는 거요 — 완전한 모습으로 …
칸트: 두고 보시오, 바루흐, 그럴 겁니다!

프란츠: 내 옆에 있는 친구 — 그 앤 죽지 않을 거야 — 죽어야 할 사람이 있다면 그건 바로 나야. (이제 큰 소리로) 파울?
파울: 응 — 무슨 일이야? 무슨 일 있니, 프란츠?
프란츠: 이리 좀 와 줄래? 옆에 있는 애는 좀 어때? 좀 나아졌지, 그렇지?
파울: 그래 — 근데 왜, 넌 거기 누워서도 다 알 수 있니?
프란츠: 알 수 있어 — 그냥 어찌어찌 알아지는 거지. 걘 다시 일어날 수 있을 거야, 두고 봐!
파울: 그럴 거야 — 거의 그렇게 보이고 있어. 하지만 넌 — 넌 좀 어때? 좀 괜찮아진 것 같아, 프란츠?
프란츠: 그래 — 아닐 수도 있고 — 생각하기 나름이겠지.
파울: 이것 봐. 내일까지만 버티면 돼. 내일은 다시 수프

가 나올 거야, 한 번 기다려 보자. 따뜻하고 맛있는 수프 — 재수 좋으면 감자 한 알쯤 동동 떠다닐지도 모르잖아!

프란츠: 그럴지도 모르지 — 아닐 수도 있고 — 전혀 그렇지 않을 수도 있어 …

파울: (놀리듯) 너무 굶어 정신이 나간 거야? 그런 거야?

프란츠: 혼자 있고 싶어!

파울: (에른스트에게 다가간다)

프란츠: 아니야 — 아무것도 아니야. 그게 인간일 뿐 — 나도 그래. 하지만 그럼에도 불구하고! (일어선다) 그래도 인간은 — 그 어떤 무엇**이다** — 아마 나도 그렇겠지 — 부유하는 — 잡을 수도 없는 — 하지만 우리는 바로 그 '무엇'을 **실현**시켜야 해 — 그게 관건이야 — 어떻게든 그걸 이해할 수 있게 만드는 것 — 살아가면서 — 그리고 죽어 갈 때도 — 주님, 이제 나를 죽게 하십시오 — 준비가 되었나이다, 이해시킬 준비가!

프리츠: (골똘히 생각에 잠긴 프란츠를 쳐다보며) 어쩌면 저리도 무섭게 침묵할 수 있지? 프란츠 말이야. 단 한 마디도 들을 수가 없잖아. 보통 때 프란츠는 가장 요란스런 연사들 중 하나였어. 끊임없이 말하고 철학하고 꼬치꼬치 따지고, 또 말하고, 말하고 …

파울: 쉬잇, 조용히 해, 멍청아! 걘 지금 아프단 말야.

프란츠: 나 괜찮아. 아, 이렇게 편안할 수가! 이제 점점 가

까워지고 있어 — 엄마 곁에, 카알, 네 곁에, 그리고 진리에 — (무아지경 속에서) 삶이라 부르는 이 연극의 완성에도! 주님, 나 이제 가까이 가고 있음을 당신이 아시오니 — 도우소서 — 다다를 수 있도록 … 곁에 누운 저 친구 말고, **나를** 거두어 주소서 — 내가 당신께로 가겠나이다. 나를 대신 거두소서 — 저 아이 대신 나를 바치옵니다 — 내가 그들 곁에 가겠나이다, 엄마 곁으로, 카알 — 너에게로. **나를** 거두소서 — 나를 **거두어 가소서**, 주님! 주께서 아시나이다 — 때가 **되었으니** — 삶을 접으려 하나이다 — 삶이라는 이 연극과 그 완성을 — **이제**, 이제 준비가 **되었나이다** — 원하던 것들에 이리도 가까이, 당신 가까이 — 그리고 삶의 편린들은 버릴 때 비로소 완전해질 수 있음을 내 아오니 — 희생할 때 … 내 생명을 받으소서 — 희생의 제물로 — 저들을 위하여 — 다른 이들을 위하여 — 또한 저기 누운 내 친구를 위하여 — 내 기꺼이. 그가 간절히 살기를 원하는 줄 내가 알고, 그에게도, 집에서 그를 기다리는 젊은 아내에게도 삶은 소중한 것이므로. 하지만 나는 포기하나이다 — 그로써 내게 삶은 비로소 진정한 삶일 수 있다는 것을, 당신은 아시나이다, 주님!

파울: (몸을 숙여 에른스트에게) 에른스트, 왜 그래? 무슨 일이야?! 움직여 봐!

프리츠: 꼼짝도 않잖아, 바보야. 아주 죽은 거야.

파울: 맞아, 그런 것 같아. 하인츠! 구스틀! 이리 와 봐 — 시체를 싸서 문 앞에 내다 놓자 — 공기가 이루 말할 수 없어. (낮은 소리로) 그리고 호주머니 속에 든 건 다 꺼내 가져, 난 괜찮으니까. 윗도리는 꽤 쓸만 한데 — 네 껀 더 형편없잖아, 구스틀. 윗도리 바꿔 입어! (말 대로 이루어진다. 시체는 마룻바닥 위로 질질 끌려서 막사 문 앞에 버려지고)

파울: (다시 프란츠에게 다가간다)

프란츠: 뭐 — 개가 죽었어? 맙소사!

파울: 그러는 **너는** 좀 어때?

프란츠: — 그럴 리가 없어!

파울: (머리를 절레절레 흔들며) 아직도 섬망에서 못 깬 거야?

프란츠: 아, 하늘이 날 받아들이지 않았어.

파울: 헛소리까지 하는구나!

프란츠: 하늘이 아직 받아들이지 않았다니까, 내 생명, 내 희생 — 하늘에 오르기엔 내가 너무 불결했는지 — 아, 나는 아무런 가치도 없었던 거야!

어머니: 그렇게 말하는 게 아니다, 프란츠야.

프란츠: 카알이 하늘에 더 어울렸던 거야.

카알: 우리 모두 형을 기다리고 있어.

어머니: (카알에게) 다시 한 번 부탁드려 봐야겠구나.

칸트: 안 됩니다, 아주머니!

스피노자: 왜 청원을 허용하지 않는 거요?

소크라테스: 이해 못하실 겁니다. 하지만 청원은 안 돼요!

카알: 이번엔 제가 한번 부탁해 볼게요!

검은 천사: (오른쪽에서 입장) 나도 프란츠를 데려오게 될 줄 알았어. 하지만 마지막 순간에 다른 조치가 내려졌던 거야.

카알: 이젠 부탁해도 소용없는 건가요?

검은 천사: 그래 — 너무 늦었어.

카알: (애원조로) 우린 정말이지 형하고 같이 있고 싶단 말이에요.

검은 천사: 그 애 곁에 있어 주면 되잖아!

어머니: (체념한 듯) 이리 와, 카알, 우린 아무것도 할 수 없어. 형 곁에 있자꾸나 — 마음에 들어하는 한.

검은 천사: 지금은 **저 애**를 데리고 가야 할 시간이야. (문을 가리키며, 그러고는 그대로 놔둔다) 하지만 저대론 안 돼. (오른쪽으로 퇴장)

친위대원: (왼쪽으로 돌아서 입장; 밖에서 막사 쪽을 향해 소리 지른다) 뭐야, 이 병신 새끼들! 누가 시체를 문 앞에 방치해 두라 그랬어? 막사 고참!

파울: 예, 여기 있습니다!

친위대원: 저 더러운 시체를 당장 끌고 가서 참호 속에 처넣으란 말이야, 문 앞에 놔두지 말고!

파울: (죄송해 어쩔 줄 모르고, 더듬거리며) 사람들이 너무 쇠약해서요 …

친위대원: (따귀를 갈긴다) 어떻게 하면 '너무 쇠약'해지는지 진짜 한번 보여 줘? — 이래도 못하겠어? 이 망할 새끼야! (수용인 셋이 시체를 막사 뒤로 끌고 간다; 친위대원 퇴장)

검은 천사: (오른쪽에서 등장; 철학자들에게) 더러운 직책이야! 사람 족치는 게 임무의 전부라니 … 하지만 카알 그 친구는 참 대단했어. 끝까지 굴복하지 않았으니까!

칸트: 이리 와 봐, 카알!

카알: 예, 선생님?

칸트: 저기 있는 저 사람 알아?

카알: 전엔 몰랐어요.

검은 천사: 널 괴롭혀야 했던 사람이지 — 널 차고 때리던 그 사람.

카알: (냉정하게) 아, 그래요 —

어머니: 카알, 저분께 감사드려야 한다 — 악의에서가 아니었어 — 하늘의 명에 따라 행했을 뿐. 저분이 널 내게 데려와 주셨지!

카알: (가볍게 고개 숙이며) 감사합니다.

검은 천사: 내게? 너도 들었지, 위임받은 일이었다고 …

카알: 그래두요. 하지만 이상해요 — 그때 귀띔이나 해 주셨더라면 …

소크라테스: 정말? 그랬다면 놀랐겠나?

스피노자: 사람들을 당황케 했을 따름이겠죠.

칸트: 시간이 흐르면 스스로 깨닫게 될 일이야, 모든 걸 …

검은 천사: 시간이 흐르면? 영원 속에서나!

어머니: 모든 걸 이해하기엔 저 역시 너무 어리석답니다.

칸트: 우리 모두 아직 도달하지 못했습니다, 아주머니. 우리 모두 아직은 — 그저 연기를 할 뿐인걸요 …

어머니: 다들 내 곁에 올 수만 있다면 — 두 아이들이라도.

카알: 자, 엄마, 이제 형을 도와야죠.

검은 천사: 돕는다고 — 아직은 안 돼. 잠시 그 애 곁에 머물 수 있을 뿐이야.

어머니: 어쨌든 너무 고마워요, 여러 모로 …

검은 천사: 힘 내세요 — 그저 잠시 동안 그가 필요할 뿐이니까요 — 저쪽에서 …

어머니: 저쪽이라뇨, 어디서요?

검은 천사: 여기서.

카알: 무슨 뜻이죠?

칸트: 무대에서.

검은 천사: 삶에서.

프란츠: 왜?! 도대체 무엇을 위해 내가 더 살아야 하지 — 지금 — 이렇게?!

스피노자: (검은 천사에게) 그를 이해시킬 수 없을까?

검은 천사: 스스로 깨닫는 수밖에 — 어떻게 달리 도울 길

이 없군요.

프란츠: **그게** 자비요? 죽음만이 자비일 수 있었소. 더 살라고? 뭣 때문에 삶을 질질 끌어야 한단 말인가 — 이 죽음을 이기고?

검은 천사: 그냥 놔두시오 — 곧 알게 될 거요.

카알: 적어도 우리한테는 말해 줄 수 있잖아요!

검은 천사: 저기 있는 저 선생님들께 물어봐.

칸트: 당분간 저 애가 필요하다니까.

어머니: 하지만 왜요, 선생님?

소크라테스: 희곡을 써야 하니까 — 희곡을 마무리 짓고 글로 옮겨야 하니까.

카알: 그건 이미 삶으로 완성시키지 않았던가요, 끝까지 — 완전에 이르도록 살지 않았냐고요!

스피노자: 그렇지만 기록 작성은 아직 끝나지 않았어.

어머니: 무슨 기록이라는 거지, 카알?

카알: 우리가 지금 공연하고 있는 이 희곡이에요 — 지금 — 이 무대 위에서!

어머니: 난 뭐가 뭔지 하나도 모르겠구나.

카알: 저도요, 엄마.

소크라테스: 차차 알게 되실 겁니다 — 막이 내린 후에.

스피노자: 조금만 더 기다려 주세요. 곧 막이 내립니다. 이제 시간이 다 되었어요.

프란츠: 파울!

파울: 응 — 이제 좀 괜찮아?

프란츠: 날 비웃지 마 — 하지만 누군가 한 사람은 내가 하는 말을 들어야 해, 그리고 알아야 할 사람이 있다면 그게 바로 너야. 음, 나, 맹세한 게 있어, 나 자신에게.

파울: 그게 뭔데?

프란츠: 이제 모든 걸 잘해 나갈려고 해. 나는 선고받았어 — 삶을 선고받았다니까.

파울: 웬 홍두깨야?

프란츠: 그렇지? 그래도 날 믿어. 더 살아도 된다는 명을 받았지, 이 진창 같은 삶을 연장하라는 명을. (엄숙하게) 하지만 이젠 진창 같은 삶이어서는 안 되겠지. 내 삶을 비옥하게 가꾸겠어. 시작된 것이라면 완성시켜야지, 앞당겨 끝낼 이유가 없어 — 내가 이제 그걸 알아.

파울: 넌 헷갈리는 소리를 곧잘 해.

프란츠: 내가 무슨 말을 하고 있는지는 내가 알고 있어. 내가 무엇을 해야 할지도 알고 있고.

카알: 희곡 얘기를 하고 있는 거야 — 아시죠, 엄마, 부헤나우 수용소에 도착했을 때 폐기해야 했던 그 미완의 희곡. 그때 처음이자 마지막으로 형이 우는 걸 봤어요.

어머니: 가엾기도 하지, 내 아들.

칸트: 어떻게 돌아가는 건지 이제 아시겠죠?

어머니: 조금씩 알 것 같기도 하고 …

카알: 제겐 모든 게 확실해요.

검은 천사: 그러니 그때까지 두 사람 좀 참고 기다리세요, 그리고 선생님들도, 이제는 각자 해야 할 일이 무엇인지 아실 테니까.

칸트: 아무렴, 알다마다.

검은 천사: (오른쪽으로 퇴장)

스피노자: 무슨 뜻이죠?

소크라테스: 이제 우리는 물러날 때가 되었다는 거요.

스피노자: 갑자기 왜, 그게 무슨?

칸트: 우리는 더 이상 필요하지 않다는 뜻이죠.

스피노자: 아, 그렇군요 — 숩 스페치에 에테르니타티스 — 영원의 상相 아래에서 — 우리들 영원과 동시성의 관점에서. 근데 이제 우리 더 이상 연기하지 않아도 되는 건가요?

소크라테스: 이해했나 보군요 — 물론 **당신은** 라틴어로.

스피노자: 너무 그러지 마시오, 자기가 무슨 … 나는 적어도 두 나라 말로 저술했소. 라틴어와 히브리어로. 당신은 저술 한 권 없이 — 그저 지껄이기만 했지, **그것도** 오직 그리스어로만.

칸트: 싸우지들 마시고, 여러분! 다시 한 번 말하거니와 이젠 우리가 필요 없게 되었습니다.

소크라테스: 적어도 잠시 동안은.

스피노자: 좋습니다, 그럼 가야죠.
칸트: 잠깐 — 저 소리를 들어 보시오!

파울: (프란츠에게) 이봐, 다시 잠을 청할 수 있을 거야. 나도 눈 좀 붙여야겠다 — 괜찮겠지. 굶주림을 잠으로 속이는 것도 신나는 일이잖아. 행여 먹는 꿈을 꾸게 될까 겁은 좀 나지만.
프란츠: 최소한 꿈에서라도 실컷 먹어 보렴.
파울: (제자리로 간다)
프란츠: 엄마 — 카알 — 하느님 — 이제 혼자가 되었어요 — 우리만 남았어요. 생각 속에서만 떠돌고 있던 그 과제를 완수하겠다고 이제 약속할게요. 그것이 생각만으로 그칠지 말지는 나의 행위가 결정하겠지요. 두고 볼 일입니다 …
스피노자: 그 희곡 말인가요, 마무리 짓겠다던?
소크라테스: — 이제까지 우리가 공연한 거요. 우리들의 회의록.
칸트: 가실까요, 여러분?
스피노자: (소크라테스에게) 사람들이 우리를 온전히 이해했다고 생각하십니까?
소크라테스: (어깨를 움찔하며) 우리가 할 수 있는 일을 했을 뿐이오.
스피노자: 관객들은 이 모든 걸 허구라고 할 겁니다. 두고

보시오. 모든 것이 연극이며 무대장치요 또한 일종의 환영에 지나지 않은 걸로 치부해 버리고 말 거라고요.

소크라테스: 그래서요?

칸트: 관객들이 이 자리에서 보고 들은 것은 모두가 연극적 '현상'에 지나지 않을 **수도 있겠지요**. 만약 우리가 진리 '그 자체'를 보여 주었다면 저들은 진작에 까무러쳐 버렸을 것입니다. 나를 믿으시오, 바루흐.

스피노자: **믿어야겠죠.**

(철학자들 오른쪽으로 퇴장)

프란츠: ― 나는 **믿어야** 해! (다른 사람들이 자거나 하릴없이 뒹굴거리고 있는 동안 혼자 꼿꼿이 일어선다) 나는 믿어! 나 자신을! ― 어머니, 당신을! ― 어 머 니!

어머니: 그래, 내 아들 …

프란츠: 카알!

카알: 맞아, 형 …

프란츠: 주님!

(정적 ― 막)

□ 옮기고 나서

삶의 모양새를 만드는 것은 오로지 운명, 팔자, 유전자, 혹은 '신의 뜻'이어서 자신의 의지와 결단에 주어진 몫은 별로 없다고 생각하는 사람을 위하여
혹은, 슬픔과 외로움의 원인을 자기 밖에서 찾으려는 사람을 위하여

자기의 십자가가 세상에서 제일 무겁다고 생각하는 사람을 위하여
혹은, 자기보다 더 불행한 사람의 모습을 통해 자신의 행복을 확인하려는 슬픈 사람을 위하여

살아야 할 이유보다 죽어야 할 이유가 더 많다고 믿는 사람을 위하여
혹은, 죽는 것이 사는 것보다 못하다는 생각을 별로 하지 않는 사람을 위하여

몸과 마음, 성과 사랑이 '따로따로'라고 여기며 사는 사람을 위하여
혹은, 따라가면 주어지는 것이 쾌락이라고 믿는 사람을 위하여

'나는 정말 외로운가, 홀로 죽어 가야 하는 사람들보다 외로운가'라고 자문해 본 적이 없는 사람을 위하여
혹은, 세상이 자기를 배신했다고 생각하며 남몰래 우는 사람을 위하여

갖출 것 다 갖추고 사는데도 전혀 행복하지 않은 사람을 위하여
혹은, 자신이 어지간히 갖추고 산다는 생각을 한 번도 해 본 적이 없는 사람을 위하여

불면의 밤을 증오하는 사람을 위하여
혹은, 도무지 까닭을 알지 못할 우울 때문에 진심으로 웃어 본 지 꽤 오래된 사람을 위하여

왜 사는지를 몰라서 어떻게 살아야 될지도 막막한 사람을 위하여
혹은, 지나간 세월보다 남은 날들이 더 길게 느껴지는 사람을 위하여

모든 것이 시답잖은 사람을 위하여
혹은, 삶에 굳이 의미가 있어야 된다고는 보지 않는 사람을 위하여

행여, 당신을 위하여
무엇보다 나 자신을 위하여

1998년 여름
김영철